RECUEIL DE CHANSONS CHOISIES.

*De MONSIEUR DE****

Divisé en deux Tomes.

RECUEIL DE CHANSONS CHOISIES.

NOUVELLE EDITION revûe, corrigée & augmentée.

TOME PREMIER.

A PARIS;

Chez GUILLAUME CAVELIER, dans la grande Salle du Palais, à l'Ecu de France, & à la Palme.

M. DCC. X.

AVEC PRIVILEGE DU ROI.

LE LIBRAIRE
AU LECTEUR.

LE RECUEIL de Chansons qu'on donna il y a deux ans au Public, fut si bien reçû, qu'on a crû ne pouvoir rien faire de mieux que de l'augmenter, & d'en donner une nouvelle Edition plus exacte & plus complete. C'est à quoy j'ai travaillé en ramassant de tous côtés les Pieces qui m'étoient échapées la premiere fois, & j'ai été assés heureux pour en trouver dequoy fournir un second Volume, en les mêlant avec celles qui avoient déja paru dans le premier Recueil, selon le rapport & la liaison qu'elles peuvent avoir ensemble. La maniere dont ces Chansons ont été receuës à la premiere Edition qu'on en a faite est un Eloge Public, à quoy je ne puis rien ajoûter. Et sans nommer l'Auteur on le reconnoîtra assez à ses Ouvrages, qui sont d'une délicatesse & d'un naturel qui ne convient qu'à luy. Au reste, quoy que j'aye fait mon possible pour éviter les fautes qui se trouvent dans la plûpart des Manuscrits, que je les aye soigneusement confrontez ensemble, & consulté Gens entendus en cette sorte d'Ouvrage, je n'ose pourtant me flatter qu'il ne s'y en soit point glissé. Le Lecteur aura la bonté de pardonner; Il y a tant de noms Etrangers, & presque tous si mal écrits dans la plûpart des Exemplaires, qu'il est impossible de ne se pas tromper dans quelqu'un.

Quelques agreables que soient ces Chansons lors qu'on les lit, c'est tout autre chose lors qu'on les chante; Il en est ainsi de tous les Ouvrages qui ſont faits pour le Chant.

Les Airs ſur leſquels ces Chanſons ont été composées ſont connus de tout le monde, on a eu ſoin de les marquer fort exactement.

Les Etrangers qui ſe piquent de ſçavoir toutes les Chanſons qui courent en France, & qui s'en font honneur en leur Pays, ne ſeront pas fâchez de trouver icy un Recueil des plus belles, & des plus agreables, où ils verront la gloire de la Nation parfaitement exprimée.

TABLE
DES CHANSONS
CONTENUES
dans le premier Tome de ce Recueil.

TABLE.

TABLE.

TABLE.

TABLE.

TABLE.

TABLE.

TABLE.

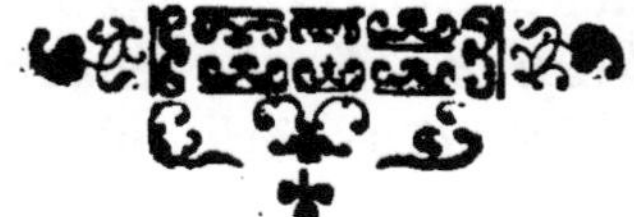

EXTRAIT DU PRIVILEGE DU ROY.

PAR Privilege du Roy donné à Paris le 10. Septembre 1694. Signé, Par le Roy. LE COMTE, & scellé du grand Sceau de cire jaune : Il est permis à SIMON BENARD, Libraire à Paris, d'imprimer ou faire imprimer en *un* ou *plusieurs Volumes* un Livre intitulé, *Recueil de Chansons choisies*, pendant le temps & espace de *huit années* consecutives, à commencer du jour que chaque Volume sera achevé d'imprimer ; iceluy vendre & debiter par tout le Royaume, & defenses sont faites à toutes personnes de quelque qualité & condition qu'elles soient, d'imprimer ou faire imprimer ledit Livre, ou chaque Volume dudit Livre, sous quelque pretexte que ce puisse estre, sans le contentement dudit BENARD, ou de ses ayans cause, à peine de trois mil livres d'amende, &c. lesquelles Lettres, *sans qu'il soit besoin d'autre signification*, seront tenuës pour bien & dûëment signifiées, &c. ainsi qu'il est porté plus au long dans ledit Privilege.

Registré sur le Livre de la Communauté des Libraires & Imprimeurs de Paris, le 22. Octobre 1694.

Signé, P. AUBOUYN, Syndic.

Achevé d'imprimer pour la premiere fois le 15. Novembre 1694.
Et pour la seconde fois le 10. Janvier 1698.

Les Exemplaires ont été fournis.

RECUEIL

RECUEIL
DE
CHANSONS
CHOISIES.

TOME PREMIER.

CHANSON
A LA LOUANGE DU ROY.

Sur l'air de Joconde.

LOUIS le chef-d'œuvre des Cieux,
Que l'Univers admire,
Ah ! que tes sujets sont heureux,
D'estre sous ton empire :

Les Heros de l'Antiquité
Te sont-ils comparables ?
De Toy l'on dit la verité,
D'eux, ce ne sont que fables.

AUTRE

Sur le meſme air.

A LA LOUANGE DU ROY.

GRAND ROY, tous les faiſeurs de Vers,
Epuiſent leurs génies,
Pour bien dépeindre à l'Univers,
Tes grandeurs infinies :
Racine & Boileau vainement
Ecrivent ton Hiſtoire,
Puiſque l'avenir ſeurement
Ne la pourra pas croire.

POUR MADAME DE C.***

Sur l'air

Le Colombier & la Garanne iront aprés la basse court.

REVENEZ, aimable Bergere,
C'est trop habiter un Château,
Vous pourriez devenir trop fiere,
Et mépriser nôtre hameau :
Reprenez vôtre pannetiere,
Et le soin de vôtre troupeau.

L'on prépare une grande Feste,
Pour celebrer vôtre retour ;
Il n'est Berger qui ne s'apreste

A vous parler de ſon amour :
Les Bergers ont l'amour en teſte,
Tout comme les gens de la Cour.

L'on prépare flute & muſette,
Et cornemuſe & chalumeau ;
L'on danſera la violette,
Moutarde & le branle nouveau :
Et déja la Bergere Annette
A retenu ſon Paſtoureau.

De la jeune & belle Angelique
Je voudrois bien toucher le cœur,
Mais l'ingrate me fait la nique,
Je n'ay que la méchante humeur :
Et quand cette Belle s'explique,
C'eſt pour un autre Serviteur.

REPONSE DE MONSIEUR DE SAINT AUBIN.

Sur le mesme air.

BEAUX BERGERS, aimables Bergeres,
Des charmantes rives d'Autruy,
Pensez-vous que sur nos fougeres,
Et dans nos forests de Livry
Nos Bergeres soient sans affaires,
Nos Bergers sans aucun soucy.

Amour fait icy des ravages,
Comme on dit qu'il en fait chez vous;
Les plus fieres, les plus volages
Sentent le pouvoir de ses coups;
Les Bergers mesme les plus sages
Deviennent souvent les plus fous.

Le vieux Timandre pour Sylvie
Soupire la nuit & le jour ;
Le jeune Hylas passe sa vie
A parler à Philis d'amour ;
Et Silvandre, quoi qu'on en die,
Brûle aussi pour elle à son tour.

****

L'autre jour sur nôtre colline
Parut un Berger amoureux,
Chacun dit en voyant sa mine,
Il descend de nos demi-Dieux :
La jeune Iris faisoit la fine
De l'avoir pris par ses beaux yeux.

****

Ce Berger amoureux & tendre,
Charmé de ses divins appas,
A son air nous fit bien comprendre
Qu'amour seul conduisoit ses pas :
Iris qui craignoit de l'entendre,
Elle-mesme n'en doute pas.

Il n'eſt rien dont il ne s'aviſe,
Pour luy montrer quel eſt ſon feu,
En tous lieux on voit ſa deviſe,
Et l'on découvre peu à peu
Que la Belle tient ſa franchiſe,
Quoy qu'il tâche à couvrir ſon jeu.

Il ne va jamais à la chaſſe
Que pour luy faire des preſens,
Quelquefois c'eſt une becaſſe,
Quelquefois ce ſont des faiſans;
Enfin quoique ce Berger faſſe,
Il fait comme font les Amans.

AUTRE

Sur l'air

J'ay resolu de baiser tout à l'heure.

FAUT-IL partir & quitter tout à l'heure
Le sejour de Louvois,
Ha ! peu s'en faut, Iris, que je n'en meure,
J'en suis presque aux abois :
Adieu bon temps, bon vin & bonne chere,
Je m'en desespere moy,
Je m'en desespere.

Adieu les bois, les prez & les Fontaines,
Adieu tous les valons ;
Adieu ruisseaux qui courez dans les plaines,
Adieu tous les moutons :

Adieu * Barré, vilaine ame damnée ;
Pour plus d'une année adieu,
Pour plus d'une année.

* *Jadis Concierge, dont on dit que l'ame revient dans le Château de Louvois.*

AUTRE

Sur l'air de Joconde.

REQUESTE A LULLY.

Depuis qu'on a gâté les Airs
Qui courent par le monde,
Qu'on chante poüille à l'Univers
Sur celuy de Joconde :
Fasse qui voudra des Chansons,
J'abhorre la satyre ;
Lully donnez-moy d'autres tons,
Ou bien je me retire.

AUTRE

Sur le mesme air.

NE craignez point, gens inconnus,
Que jamais je vous chante;
Soyez, si vous voulez, cocus,
Ma Muse en est contente:
Je ne chante que mes Amis,
Ma Femme & mes Parentes,
Des Lancelots, des Pains-benis,
Des Rideaux, & des Pentes.

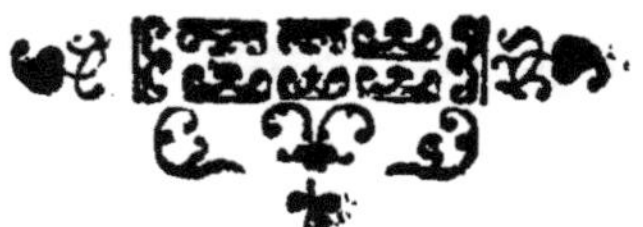

AUTRE

Sur le mesme air.

QUAND j'ay quelque noire vapeur,
On des peines secrettes,
Rien ne me rend ma belle humeur
Comme ces Chansonnettes:
Heureux qui sans tant de façon
Et sans Philosophie
Sçait charmer par une Chanson,
Les chagrins de sa vie.

Socrate, Epictete, Zenon
Et la bande Stoïque,
Se sont acquis un grand renom
Par leur esprit critique,
Leur Sage qu'ils croyoient heureux,
Epuisa leurs loüanges,

J'en connois un plus ſage qu'eux,
C'eſt l'enjoüé Coulange.

❧❊☙

Manger, & rire inceſſamment
Eſt tout ce qui l'occupe,
D'un ſolide raiſonnement
Il n'eſt jamais la dupe,
Il eſt ſans chagrin, ſans ennuy,
Et rien ne l'importune,
Tout ce qu'il poſſede eſt à luy,
Et rien à la Fortune.

AUTRE

Sur le mesme air.

NATURE en naissant me donna
Un rude & fâcheux pere,
Puis ensuite me gouverna
Précepteur trop severe ;
Les Pédans par un Correcteur
M'ont écorché les fesses,
Et j'ay pour comble de malheur
Une femme diablesse.

On trouve moyen de guerir
La pierre, & la gravelle,
La peste ne fait pas mourir
Toûjours quoique mortelle,
A la mer on peut recouvrer
Un remede à la rage,
La mort seule peut délivrer
Du mal de mariage.

SUR L'AIR

A la Nôce de Jeanne.

DANS le bois de Germaine
J'aperçois quatre Asnons,
La troupe qui les méne
A de beaux cotillons,
Bourlie,
Fleurie,
Jolie,
Y trotent galamment,
Et Guiscard son amie
Portant son enjouëment,
Me plaît infiniment.

A MONSIEUR

A MONSIEUR LE DUC DE C.***

Couplet fait en Carême.

Sur le mesme air.

SEPT jours de la semaine
Je viens dîner chez vous,
L'appetit qui m'améne
Me chasse de chez nous,
Carpette,
Perchette,
Solette,
Je fuis ces avortons
Qu'introduit la disette,
Dans nos pauvres maisons
Je cours aux gros poissons.

ADIEU A LA COUR.

Sur l'air de Joconde.

CHER AMY, chaque instant du jour
Je rends grace de l'heure
Que je suis sorti de la Cour,
Si je ments, que je meure :
Toûjours sur pied, & chapeau bas,
Agir par politique,
S'entrebaiser comme Judas,
C'est ce qu'on y pratique.

J'aime cent fois mieux mon todis,
Mes légumes, mes herbes,
Que de nos plus fiers Amadis
Les Palais si superbes ;

Où tout ſe trouve confondu
Meſme juſques aux heures ;
Le repos comme la vertu
N'y font plus leurs demeures.

AUTRE

Sur le mesme air.

CEDEZ, ô Beautez de la Cour,
Cedez à ma Bergere ;
Son visage fait par l'amour
A ce qu'il faut pour plaire :
Chez vous les roses & les lys
Ne brillent qu'en peinture ;
Mais la beauté de mon Iris
Est la pure nature.

POUR MADEMOISELLE DE C***

Sur l'air

Je ne fais point cas des Manſeaux.

NE Nous marierons-nous jamais ? *bis.*
A quoy ſervent tous vos attraits,
Jeune & belle Coulange ?
L'un, ce nous dit-on, eſt Normand,
L'autre n'a pas aſſez d'argent ;
L'autre manque d'entendement,
L'autre à l'humeur étrange.

POUR LA MESME.

Sur l'air

Il n'eſt rien de ſi tendre.

FAISONS le mariage
Du Seigneur Poitevin,
Il eſt briſé Turpin,
Riche, vaillant & ſage,
Et qui nous plaît enfin :
Faiſons le mariage
Du Seigneur Poitevin.

L'Alliance en eſt haute,
L'Ecuſſon en eſt beau,
Pour tout dire en un mot
S'il épouſe Belotte,
Il deviendra Belot :
L'Alliance en eſt haute,
L'Ecuſſon en eſt beau.

POUR MADEMOISELLE DE COULANGE

LORS DE SON MARIAGE.

Sur l'air

Sommes-nous pas bien-heureux.

APRE'S avoir bien cherché
Pour marier Celimene,
Aprés les fatigues & les peines,
Enfin l'Epoux est trouvé ;
Il est vaillant, il est sage,
Et des plus grandes Maisons,
Qui sçaura faire, je gage,
Des filles & des garçons.

SUR L'AIR

Beuvons à nous quatre, &c.

VIVE la Vilette,
C'eſt un lieu parfait,
Les bons repas qu'on y fai[illegible]
Chacun ſa galette,
Et ſon pot au lait.

Charmante Nonette
Fait dire tout bas :
Ah ! mon Dieu, qu'elle a d'appas ;
Ah ! qu'elle eſt bien faite :
Quel dommage, helas !

A travers la grille
On la voit briller,

Et moy qui me sens griller,
Aussi tôt je grille
De la dégriller.

Troupe jeune & sage
Compose sa Cour,
Et jamais aucun amour
Cherchant un passage
Ne surprit le tour.

Belle Chanoinesse
De Saint Augustin,
Vous vous levez trop matin,
Un peu de paresse
Repose le teint.

Quoique l'on vous dise
De vos saints habits,
Je voudrois à vos Surplis
Du Point de Venise,
Qu'ils seroient jolis!

Vous avez des Anges
L'aimable candeur,
Au lieu d'aisle de couleur,
Mettez des Fontanges
Pour paroistre au Chœur.

Jeune & sage Abbesse,
Je quitte ces lieux,
En vous faisant mes adieux,
La douleur me presse,
J'en perds les deux yeux.

LE PAIN BENI DE LIVRY.

Sur l'air

Beuvons à nous quatre, &c.

ALLONS à la Feste,
La Feste à Livry,
Portons un cœur réjoüi,
Que chacun s'apreste
Pour le Pain-beni.

La chaleur est grande,
Grande est la chaleur,
Cependant de tres-grand cœur
Portons nostre offrande
Au Pere Prieur.

Au tour de l'Eglise
Broches tourneront ,
Charettes arriveront ,
Nape sera mise ,
Moines en riront.

Qui veut pain d'épice ,
Qui veut macarons ?
Approchez petits garçons ,
Approchez , Nourrices ,
En voicy de bons.

Déja les trompettes ,
Fiffres & clairons
Font marcher dans nos vallons
Pelerines bien faites ,
Pelerins à bourdons.

Dans cette Assemblée
L'aimable Heudicourt
Se fera faire la Cour,
Et prendra d'emblée
Les cœurs d'alentour.

Montjeron qui chante
Bien mieux qu'un Serein,
Va charmer le Pelerin,
Cette Belle enchante
Tout le genre humain.

Sanzay la Comtesse
Par ses doux appas
Touche qui n'y pense pas;
Je vois grande presse
A suivre ses pas.

Mais je vois Coulange
D'un air gracieux
Qui brille dans ces ſaints lieux
Comme un petit Ange
Deſcendu des Cieux.

L'echo qui repete
Juſqu'au moindre cry,
Va porter juſqu'au Raincy
La belle Toilette,
Le beau Pain-beny!

Les peuples de Chelles
Et ceux de Clichy,
Se rediſent à l'envy:
Mon Dieu, qu'elle eſt belle!
Le beau Pain-beny!

Chaque oiſeau qui vole
Retourne à ſon nid,
Pour amener ſon petit
Voir les banderoles
Sur le Pain beny.

Charmanté Muſique
Par ſes ſons divers
Répandoit dedans les airs
De divins Cantiques,
Et de doux concerts.

Qu'eſt-ce qui la donne,
Dit un noir veſtu,
C'eſt Monſieur l'Abbé T**
Tout l'air en raiſonne
Que ne l'entens-tu ?

Une femme brune
Dit : le connois-tu
Ce Monsieur l'Abbé T * *
Dans cette Tribune ?
C'est ce nez pointu.

Certaine Marquise,
Dit un Garde-bois,
Qu'on voyoit tant autrefois
Où s'est-elle mise
Depuis treize mois ?

Un Moine s'avance
Qui répond, Helas !
Hé quoy ! ne sçavez-vous pas
Qu'elle est Provence,
Elle & ses appas ?

SUR

UNE VIEILLE TOUR DU CHASTEAU DE CHATELLUS.

Sur l'air

Sommes-nous pas trop heureux.

OLIVIER DE CHATELLUS
Et Marguerite d'Amboiſe
Ont fait la Tour ſans ardoiſe,
Comme ornement ſuperflus,
Leurs cœurs ſont dans la Chapelle
Des cinq cents ſoixante & dix :
Pour cette couple ſi belle,
Diſons un *De profundis.*

AUTRE.

Sur l'air de Saucour.

LA belle Alphonsine
Seulette dans Betton,
Fait piteuse mine
Et maudit, ce dit-on,
Le cœur rempli de rage,
Le malheureux jour
Que l'amour
En mariage,
Ne luy donna rien moins qu'un grand Saucour.

DIALOGUE

DE M. DE B*** ET DE M. DE C***

Sur ce que ce dernier s'étoit défait de la Charge de Maître des Requestes.

Sur l'air

Or nous dites Marie, &c.

B. OR nous dites, Coulange,
Magistrat sans pareil,
Par quel destin étrange
Quittez-vous le Conseil ?

C. Lisez, lisez l'Histoire,
Vous verrez qu'avant nous,
Les Heros las de gloire,
Alloient planter des choux.

B. Le bel exemple à ſuivre
Que Diocletien ?
Eſt-ce ainſi qu'il faut vivre,
Il n'eſtoit pas Chreſtien ?

❧❧❧

C. Charles Quint qu'on admire,
En a bien fait autant,
Quitta t'il pas l'Empire
Pour vivre plus content ?

❧❧❧

B. Oüy, mais dans la retraite
Sçavez-vous ce qu'il fit ?
Chagrin dans ſa chambrette,
Souvent s'en repentit.

❧❧❧

C. La ſçavante Chriſtine
Ne s'en repentit pas,
Et de cette Heroïne
Je veux ſuivre les pas.

❧❧❧

B. Mais d'Azolin dans Rome,
Ignorez-vous les bruits,
Et que ce galant homme
Sçut charmer ses ennuis ?

❧

C. Du feu Roy de Pologne,
Monsieur, que dites-vous ?
Tranquille & sans vergogne
Il vescut parmy nous ?

❧

B. Oüy, mais son inconstance,
Moine, Roy, Cardinal,
Le fit venir en France
Mourir à l'Hospital.

❧

C. Le Diable vous emporte,
Monsieur, & vos raisons,
Je vivray de la sorte,
Et feray des Chansons.

❧

SUR L'AIR

Il y a tant de difference entre l'amour & Bacchus, &c.

L'AMOUR ſouvent m'enteſte,
Et le bon vin me fait
Meſme effet ;
Cette double tempeſte
Ne peut jamais finir que la nuit,
Lorſque je ſuis au lit.

SUR

SUR L'AIR

Laissons là nos Ayeux.

COUPLET RETOURNÉ.

PARLONS de nos Parens,
J'en ay de conſequence
J'en ay de Rabutin,
Du Criſſé Turpin;
Dedans mon Alliance,
Mon Frere aîné n'eſt point un Cadrouſſe;
Et la Sœur
De mon Pere eut l'honneur
D'épouſer un la Trouſſe.

COUPLET FAIT A AUTRY.

Sur l'air

Vous qui méprisez la flamme de mille jeunes Amans.

SANS les loix de l'Himenée,
Je me tiendrois en Berry,
Mais ma triste destinée
M'a rendu mary
Et tres-mary :
Vive le libertinage,
Pour moy
Je l'estime un partage
De Roy.

SUR L'AIR

Peut-on voir de Nymphe plus gentille.

J'Ay songé toute la nuit à Marotte,
Et n'ay pû faire dodo :
Maman qui me croit mal à la quenotte,
Pour m'appaiser me fait du lolo :
Maman qui me croit mal à la quenotte,
Ne sçait pas où j'ay bobo.

LANCELOT TURPIN.

Sur l'air

Pour vous voir un moment, j'ay passé par Essonne.

LANCELOT TURPIN il épousa Denise ;
De Montmorency d'une Famille exquise,
Qui fut à son mary femme toûjours soûmise.

LAncelot Turpin l'avoit si bien apprise ;
Qu'elle soûtint souvent de vertes entreprises ;
Et n'accorda jamais que des faveurs permises.

Lancelot Turpin fit faire à sa Denise ;
Pour garder le logis une simare grise,
Avec un collet clos d'un beau Point de Venise.

Lancelot Turpin portoit habit de friſe,
Brodé de lacs d'amour avecque des Deviſes,
Semé par cy par-là des chiffres de Deniſe.

Lancelot Turpin vivoit avec franchiſe,
Il vouloit que chez luy nape fuſt toûjours miſe,
Tant il avoit horreur de la faineantiſe.

Lancelot Turpin, un jour par gaillardiſe,
En ſortant de ſon lit fit recit à Deniſe
D'un beau Sonnet par luy compoſé ſans bétiſe.

Lancelot Turpin diſoit : Je vous aviſe,
Que trop legerement l'homme ſe ſcandaliſe,
Il faut qu'en liberté chacun vive à ſa guiſe.

Lancelot Turpin eſtoit de bonne priſe,
Car il avoit toûjours de l'or dans ſa valiſe,
Et quantité d'habits & beaucoup de chemiſes.

Lancelot Turpin avoit ſous ſes remiſes
Des caroſſes dorez dignes de convoitiſe,
Car les bons ouvriers avoient ſa chalandiſe.

Lancelot Turpin craignoit le vent de biſe,
Quand il eſtoit debout ſa femme eſtoit aſſiſe,
Sinon quand il eſtoit à genoux dans l'Egliſe.

Lancelot Turpin eſtoit homme de miſe;
Il fit mains beaux exploits à l'attaque de Guiſe,
Et pouſſa les Anglois juſques dans la Tamiſe.

Lancelot Turpin ayant la barbe griſe,
Sur le dos de ſon fils fut porté comme Anchiſe,
Un jour que le feu prit aux Faux-bourgs de Veniſe.

Lancelot Turpin penſa mourir à Piſe,
Pour avoir trop mangé de guigne & de ceriſe.
Mais au ſeptiéme jour il luy prit une criſe.

❧✱✱✱❧

Lancelot Turpin dit lors je prophetiſe,
Qu'un fils né de mon ſang dans la forme requiſe,
Portera mes deux noms pourveu qu'on le baptiſe.

❧✱✱✱❧

Lancelot Turpin, que de gloire eſt acquiſe
A ce fils qui naiſtra de la charmante Eliſe;
Le Ciel veut que par luy ton nom s'immortaliſe.

❧✱✱✱❧

Lancelot Turpin ne fit jamais ſottiſe,
Que de mourir, alors dans une belle Egliſe,
Son Service fut fait à ſept heures préciſes.

IMPROMPTU

FAIT A TABLE.

Sur l'air

Le Heros que j'attens, &c.

LE Piedmont que j'attens, n'arrivera-t'il pas ?
Seray-je toûjours dans l'attente
De cette liqueur si charmante :
Le Piedmont que j'attens, n'arrivera-t'il pas ?
On n'entend plus Grignan qui chante,
Nous n'avons plus de vin pour finir ce repas ;
Le Piedmont que j'attens, n'arrivera-t'il pas ?
Rien ne contente
Ma soif ardente,
Tout languit avec moy dans ce triste embarras :
Le Piedmont que j'attens, n'arrivera-t'il pas ?

Seray-je

Seray-je toûjours dans l'attente
De cette liqueur si charmante ?
Le Piedmont que j'attens, n'arrivera-t'il pas ?
Quel bruit de verres me contente,
Quelle divinité j'aperçois icy bas ?

A LA LOUANGE

DES LANCELOTS.

Par Monsieur de Corbinelli.

LANCELOT TURPIN m'a fait crever de rire.
De l'air de Rabutin,
Son auteur peut écrire,
Pour peu qu'un Dieu badin
Sur Parnasse l'inspire.

Lancelot Turpin m'a fait crever de rire :
Un grand homme en Latin
L'a bien voulu traduire :
Un autre en Afriquain
Pretend le faire lire.

Lancelot Turpin m'a fait crever de rire,
Les bons mots d'Arlequin,
Lancelot peut détruire,
Et donner à Barbin
Quelque jour dequoy frire.

Lancelot Turpin m'a fait crever de rire,
N'a gueres à Saint Germain,
Le Roy dit : Je desire
Qu'il soit en parchemin,
De peur qu'on le dechire.

Lancelot Turpin m'a fait crever de rire,
Son Chancelier soudain
Bien loin d'y contredire,
En robe de satin,
Y mit un Sceau de cire.

Lancelot Turpin m'a fait crever de rire ;
Chacun tient pour certain
Qu'il court par tout l'Empire,
Et que soir & matin,
Le Langrave l'admire.

Lancelot Turpin m'a fait crever de rire,
Le Prince Palatin,
Du chant s'est fait instruire,
Et dans chaque festin,
Le fait dire & redire.

Lancelot Turpin m'a fait crever de rire ;
Le pauvre Vanbeuning,
Quand la Hollande expire,
Le chante au bord du Rhin,
Pour flatter son martyre.

Lancelot Turpin m'a fait crever de rire,
Sçavez-vous qu'à Berlin
Brandebourg le desire
Pour passer son chagrin :
Croyez-vous qu'il l'en tire ?

Lancelot Turpin m'a fait crever de rire,
Tout le peuple Romain,
Pour sa gloire conspire,
Et Marphore & Pasquin,
En quittent la satyre.

Lancelot Turpin m'a fait crever de rire,
Sur le Mont Aventin
Le Pape a fait construire
Deux colonnes d'airain,
Pour là le faire inscrire.

Lancelot Turpin m'a fait crever de rire,
Quand le temps est serein,
Le Patron du Navire
Chantant cet air divin
Pense se mieux conduire.

Lancelot Turpin m'a fait crever de rire,
De cet homme de bien,
Momus n'a pû médire,
Et Phebus le blondin
Le Chante sur sa lyre,
Lancelot Turpin m'a fait crever de rire.

AUTRE
A LA LOUANGE
DES LANCELOTS.
Sur l'air
Ah ! qu'il est bon bon bon ce vin.

AH ! qu'ils sont beaux, beaux, beaux,
Ah ! qu'ils sont beaux,
Ah ! qu'ils sont beaux
Les Lancelots :
Amy quel plaisir de les lire !
Ils enchantent le goust,
Ils font pâmer de rire,
Et sont tous remplis de bons mots :
Ah ! qu'ils sont beaux, &c.

POUR
MADEMOISELLE
DE COULANGE
QUI ESTOIT A LYON.

Sur l'air

De l'adieu de Cadmus.

JE vais partir, belle Coulange,
Je vais inceſſamment vous adorer, mon Ange,
Malgré tout l'ennuy qui m'attend :
Je vais vous réjoüir, ou m'ennuyer moy-même;
Mais enfin je ſeray prés de l'objet que j'aime.
C'eſt aſſez pour vivre content.

REPONSE

Sur le mesme air.

Ah ! mon cher, pourquoy venez-vous ?
Pourquoy venir chercher une vie ennuyeuse ?
Eh ! que peut vôtre humeur joyeuse
Contre les chagrins de chez nous ?
Voyez à quel malheur vôtre amour vous engage ;
Renoncez à vôtre voyage :
Ah ! mon cher, pourquoy venez-vous ?

POUR MADAME LA MARQUISE DE SEVIGNE. A LIVRY.

Sur l'air

J'ay beau me presser, j'arriveray trop tard.

PARODIE.

REVENEZ dés ce soir, vous reviendrez trop tard,
Ce n'est point avec vous que je pretens me taire;
Je vous adore, Iris, vous avez sçû me plaire,
Je crois que vous m'aimez, & tout flatte mes vœux,
Quelque beauté qu'ait mon Epouse,
Ses yeux brillans & doux ne sont point vos beaux yeux:
Dût-elle estre jalouse,

J'éprouve un tourment rigoureux,
Sans vous je ne ſuis plus moy-même;
Sçachez en un mot comme en deux,
Que la peine eſt extrême
De voir ce que l'on aime.
Loin de ſoy vivre en d'autres lieux.

POUR MESDEMOISELLES BERAUD DE LYON.

Sur l'air *de Lancelot Turpin.*

MEsdemoiselles Beraud l'Aînée & la Cadette,
Meriteroient des Vers d'un excellent Poëte,
Pour chanter leurs vertus & leur humeur parfaite.

Mesdemoiselles Beraud l'Aînée & la Cadette
Ont des esprits charmans, ont des tailles bien faites,
Et jamais dans Lyon n'ont passé pour coquettes.

Mesdemoiselles Beraud l'Aînée & la Cadette,
En sortant de leur lit, quand leur Priere est faite,
S'en vont se pignauder chacune à leur toilette,

Mesdemoiselles Beraud l'Aînée & la Cadette
Ont de fort beaux habits & de belles manchettes,
Et sçavent d'un bon air mettre leurs collerettes.

Mesdemoiselles Beraud l'Aînée & la Cadette,
Donnent de bons repas dedans leur maisonnette ;
Leur vaisselle d'argent est toûjours claire & nette.

Mesdemoiselles Beraud l'Aînée & la Cadette,
Pour allumer du feu se servent d'alumettes,
Et leur foyer n'est point sans pelle ni pincettes.

Mesdemoiselles Beraud l'Aînée & la Cadette,
Pour joüer au volant se servent de palettes,
Et quand ils sont trop gros, se servent de raquettes.

Mesdemoiselles Beraud l'Aînée & la Cadette,
Pour appeller leurs gens font marcher la sonnette,
Et l'on voit aussi-tost ou Brunet ou Nannette.

Mesdemoiselles Beraud l'Aînée & la Cadette;
Voudroient voir l'Opera de Cadmus ou d'Admete,
Mais l'on ne voit icy que de franches mazettes.

Mesdemoiselles Beraud l'Aînée & la Cadette;
Je prens congé de vous & de vos deux cornettes;
Je m'en vais à Paris, & je vous y souhaitte.

Mesdemoiselles Beraud l'Aînée & la Cadette;
Souvenez-vous de moy, & dans vôtre cassette
Gardez bien mes Chansons, ce ne sont point sornettes.

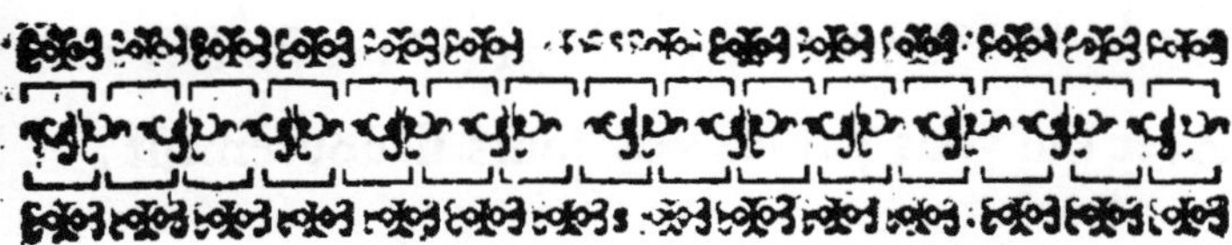

POUR MADAME LA MARQUISE DE V***

S'EN ALLANT EN PIEDMONT.

Sur l'air

Enfin grace au dépit.

ENFIN vous nous quittez, & j'en meurs de douleur,
Pourquoy Dieu vous fit-il femme d'Ambassadeur?
Vous quittez aujourd'huy vôtre chere patrie;
Vous meniez une aimable vie,
Vous l'allez exposer aux plus affreux rochers,
Et mettre au desespoir vos Amis les plus chers.

La belle Saint Geran, l'exemple de ſon âge,
Avec qui vous paſſiez vos jours ſi doucement,
Qu'aiſément une femme ſage
Renonce à tout contentement,
Et s'embarque en un grand voyage
Par la force du Sacrement.

SUR

SUR UNE PENDULE QUI SE ROMPIT

En la voulant empêcher de ſonner minuit,

Sur l'air, *Alceſte eſt morte.*

PEndule eſt morte,
Pendule eſt morte,
Pendule eſt morte ;
Pendule s'en alloit frapper ſes douze coups ;
Mais craignant de chaſſer les Dames de chez nous,
En les avertiſſant d'une veille trop forte,
Pendule eſt morte.

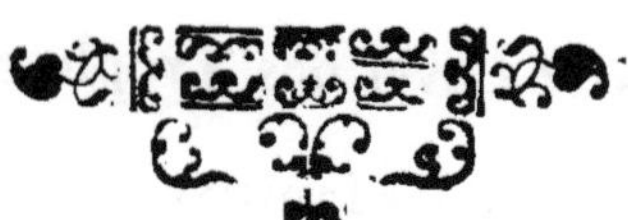

POUR MONSIEUR LE COMTE DE SAINT GERAN Quand il fut fait LIEUTENANT GENERAL.

Sur l'air

Enfin grace au dépit.

COMTE DE S. GERAN Lieutenant General;
Vous voilà, comme on dit, assez bien à cheval;
Vous allez commander les Royales armées,
Vous faire élever des Trophées,
Et meriter enfin par des fameux exploits,
D'estre dans peu de temps un Maréchal François:

Nous reverrons en vous vôtre illustre Grand-pere,
Qui ne dédaigna pas de visiter le mien :
Quant à moy qui vous considere
Comme mon appuy, mon soûtien,
Croyez, si le Roy me veut plaire,
Qu'il vous fera toûjours du bien.

POUR MADAME LA MARESCHALE DE SCHOMBERG.

Sur l'air

De Lancelot Turpin, &c.

J'Adore vos beaux yeux, divine Maréchale ;
Illustre rejetton de la Maison d'Aumale,
Qui tient par mille endroits à la Maison Royale.

J'adore vos beaux yeux, divine Maréchale,
Epouse d'un Heros, qui tant d'exploits étale,
Qu'il égale aujourd'hui le vainqueur de Pharsale.

J'adore vos beaux yeux, divine Maréchale,
Autrefois je craignois vous & vôtre cabale,
Mais à present mon cœur auprés de vous s'exhale;

J'adore vos beaux yeux, divine Maréchale,
Ah n'aurés vous jamais dans vos maux d'intervale?
N'eſt-il point pour cela de bonne eau minerale ?

J'adore vos beaux yeux, divine Maréchale,
Cependant leur éclat efface ceux d'Omphale,
Dont Hercule éprouva la puiſſance fatale.

J'adore vos beaux yeux, divine Maréchale,
Si vous pouviez m'aimer, où ſeroit le ſcandale ?
Je n'ay pas les attraits qu'avoit le beau Cephale.

J'adore vos beaux yeux, divine Maréchale,
Mais je parle aux Rochers, vous eſtes une Veſtale
Qui ne pouvez ſouffrir que la foy conjugale.

J'adore vos beaux yeux, divine Maréchale,
Vous eſtes l'ornement de nôtre Capitale,
Que n'eſtes-vous l'honneur de nôtre Cathedrale ?

J'adore vos beaux yeux, divine Maréchale;
Je vais chantant par tout le bel & bon regale
Que me fait chaque jour vôtre ame liberale.

J'adore vos beaux yeux, divine Maréchale;
Mais, Muse, finissons, il faut que je détale,
Car ma rime à la fin devient triviale.

SUR L'AIR

Alcide eſt vainqueur du trépas.

TESTU eſt vainqueur de Brancas,
La Trouſſe n'y reſiſte pas,
De luy ſeul Coulange eſt contente,
Son mary chante :
Teſtu eſt vainqueur de Brancas,
La Trouſſe n'y reſiſte pas.

AUTRE

Sur le mesme air.

QUAND Vezou fait saigner du bras,
* Brayer ne luy resiste pas, * *Medecin.*
La fiévre en devient moins ardente :
Et * Morel chante * *Chirurgien.*
Quand Vezou fait saigner du bras,
Brayer ne luy resiste pas.

A

A MADAME

DE BAGNOL,

A LION.

Ce Couplet est fait dans le Château d'Autry proche Briare, où elle étoit attenduë.

Sur l'air

Je vous le dis & le repete, &c.

L'AUTEUR n'est-il point apogriphe,
Qui jure que sur l'hippogriphe
En deux jours vous serez icy ?
Volez donc par dessus Tarare,
Nevers, la Charité, Poüilly,
Mais arrêtez-vous à Briare.

REMERCIEMENT A MADEMOISELLE DE HAUCOUR,

Sur le mesme air.

MUSES chantons Jeanne d'Aumale,
Est-il fille plus liberale?
Elle merite de l'encens:
Gens qui vivez dans l'abondance,
Sçachez que les petits presens
Font bien plus d'honneur qu'on ne pense.

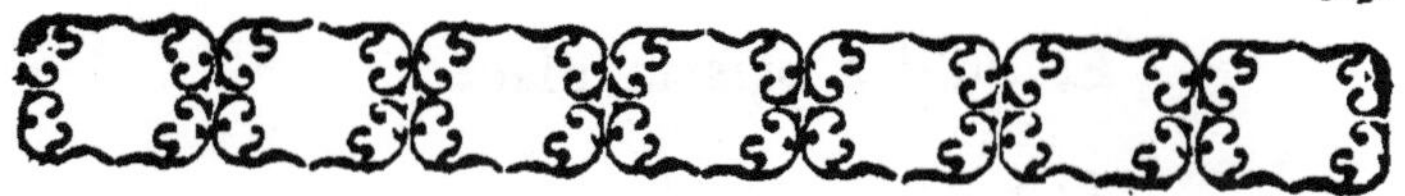

SUR UN CABINET REMPLI DE PORTRAITS.

Sur l'air

Tout mortel doit icy paroistre;

TOUT Portrait doit icy paroistre,
Il y faut estre
Grands & petits,
De l'oubli le portrait délivre
Il fait revivre
Nos vieux amis.
Venez tous dans mon cabinet
Chacun pour sa parure
Aura sa bordure
Avec son cloud à crochet.
Aussi-tôt qu'un portrait chez moy passe,

Et qu'il a pris ſa place,
Jamais il n'en ſort.
C'eſt pour tous une loy neceſſaire,
L'effort qu'on peut faire
N'eſt qu'un vain effort.
Je le coigne,
Je le recoigne
Cette beſoigne
Tient ſi fort,
Qu'auſſi tôt qu'un Portrait chez moy paſſe,
Et qu'il a pris ſa place,
Jamais il n'en ſort.
Qu'on l'admire,
Qu'on le deſire,
Qu'on en ſoûpire,
J'en ſuis d'accord:
Mais ſi tôt qu'un portrait chez moy paſſe,
Et qu'il a pris ſa place,
Jamais il n'en ſort.

POUR MADAME LA MARQUISE D'HEUDICOUR.

Sur l'air,

Des Ennuyeux.

SEROIS-JE bien vôtre Cousin,
Et seriez-vous bien ma Cousine,
Si je ne suis pas Mathurin
Ma grand-mere étoit Mathurine,
Et Mathurine de Cumont
Parente de Bonne de Pont.

PARTIES POUR MADAME LA MARQUISE D***

Sur l'air, *voicy comme je passe ma vie.*

VOus me devez Marquise trois bordures,
Deux pour des mignatures,
Et l'autre pour un portrait
Trés rare & fort bien fait,
De la Reine Stuart :
Outre cela vous me devez la part
De robe mise au hazard,
Robe faite à la Chine,
Dont vostre aimable voisine
Fort long-temps
Se para, Marquise à vos dépens.
Somme totale, en un mot vous me devez
Sept écus bien comptez,
C'est pour faire aller ma cuisine
Plus d'un jour si vous me payez.

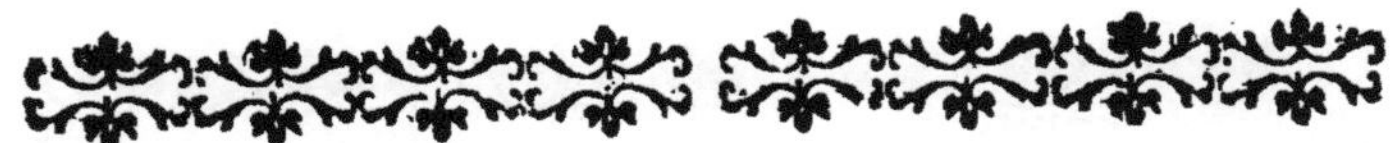

DIVERS COUPLETS

SUR L'AIR

De la Ducheſſe.

ASTRE'E ſur les bords de Lignon
Amour ayant deſarmé ſa colere,
Veut dans la Riviere
Suivre ſon Mignon ;
Mais par Philis elle en eſt empêchée,
Et Celadon trouvé par Galatée
Eſt porté ſans rien dire
Dedans ſon Château,
Déja ſon cœur ſoûpire
Pour ce jouvenceau ;
Leonide & Silvie
Prennent grand ſoin de ſa vie,
Et couchent mollement
Ce malheureux amant.

AUTRE

Sur le mesme air.

CE beau Berger au desespoir
Se souvenant de l'ordre trop severe
D'une beauté fiere
N'ose plus la voir,
Et pour cela quittant sa pannetiere
Et les habits connus de sa Bergere,
Il prend une hongreline
Et juppes de Damas,
On le croit à sa mine
Fille d'Adamas,
Et sous cette figure
Sans que la belle en murmure,
Sottement dans son lit
Passe plus d'une nuit.

AUTRE

Sur le mesme air.

IL fut jadis un certain temps
Que l'on voyoit dedans Alexandrie
Grande Compagnie
D'Amantes & d'Amans ;
Le beau Marcel soupiroit pour Julie,
Philadelphe pour la belle Delie,
La Princesse Candace
Avec passion,
Souhaitoit
De la race
De Cesarion,
Artaban sans remise
Voulant épouser Elise
Luy donnoit chaque jour
Preuve de son amour.

POUR MADAME LA COMTESSE DE GRIGAN.

Revenant à Paris.

Sur l'air : *Malgré tant d'orages.*

MALGRE' tant de neige
Nous faiſons cortege
A la belle Iris,
Qui revient à Paris.
Mon Dieu, qu'elle eſt belle,
Et qu'elle a d'appas !
Eſt-ce une mortelle ?
Je ne le croy pas :
Voicy la querelle
Du bon Saint Thomas :

Il faut que j'y touche;
Vraiment c'eſt ſa bouche,
Et ſon teint de lys.
Malgré tant de neige
Nous faiſons cortege
A la belle Iris
Qui revient à Paris.

PORTRAIT D'UNE DEVOTE PLEINE DE VANITE',

Et de bonne opinion d'elle-même.

Sur l'air *de la Duchesse.*

JE ſuis Devote feſte ou non,
J'entends Sermons, Veſpres & grande Meſſe,
Connoît ma nobleſſe
Qui connoît mon nom,
Mes actions prêchent la modeſtie.
Dans ma maiſon regne l'œconomie,
Je tiens ſous mon empire
Epoux, Valets, Enfans,
Qui m'oſe contredire
Paſſe mal ſon temps:

Dans mes mœurs rien ne cloche,
Je ſuis femme ſans reproche,
Qui peut d'un air hautain
Cenſurer ſon prochain.

POUR UN HOMME ENTESTE' D'UNE BASSE-COUR QU'IL FAISOIT FAIRE.

Sur le mesme air.

HE quoy! les Couvreurs, les Maçons
N'ont point encore achevé leur ouvrage,
Je crains qu'un orage
Gaste ces chevrons:
Voyez Monsieur le Pressoir & la Grange,
Ce grand Cellier où cent tonneaux l'on range!
Venez voir l'Ecurie,
Le Toit à Cochons,
Four & Boulangerie,
L'Etable aux Moutons:

Enfin mon induſtrie
Paroiſt dans la cimetrie,
Et cette Baſſe-Cour
N'eſt pas l'ouvrage d'un jour.

REPONSE A UN BILLET DE MADAME DE LAMOIGNON

Pour aller passer les Festes de Noël à Baville.

Sur l'air : *Malgré tant d'orages.*

QUELQUE temps qu'il fasse,
Broüillards, neige ou glace,
Dégel ou verglas,
Je vous suis pas à pas.
De la grande Ville
Fuyons le tracas,
Il est la Vigile
Du bon Saint Thomas.
Allons à Baville

Prendre

Prendre nos ébats,
Heureux qui voyage
En bon équipage
Qu'il ne nourrit pas.
Quelque temps qu'il fasse,
Broüillards, neige ou glace,
Dégel ou verglas,
Je vous suis pas à pas.

POUR MADAME DE *** SUR LE MARIAGE DE MADAME LA DUCHESSE DE ***

Sur l'air *de la Duchesse.*

COMME un pauvre Cygne aux abois,
Je chante encor malgré ma destinée,
Himen himenée
Charmante Louvois,
Sur un beau lit je vois la mariée,
Qu'elle a d'attrais, qu'elle est belle & parée;
Mais est-elle bien femme,

Dîtes entre nous deux

Vôtre Gendre Madame { *Le Marié n'avoit que 16. ans le jour du Mariage.*

N'est-il point honteux ;

Car pour la fantaisie

D'imiter le bon Tobie,

Cette devotion

N'est pas dans sa maison.

POUR MADAME

LA MARQUISE DE ***

Sur l'air *des Lancelots.*

Je ſonge à tous momens à l'aimable Thereſe,
Dont les yeux pénétrans m'ont mis le cœur en braiſe,
Et font que nuit & jour je ſuis mal à mon aiſe.

Je ſonge à tous momens à l'aimable Thereſe,
Si je pouvois la voir, ah! que j'en ſerois aiſe;
Mais helas! mon chemin n'eſt point d'aller par Veize.

Je ſonge à tous momens à l'aimable Thereſe,
Elle eſt ſur ſon rocher plus haut qu'une Falaiſe,
Dans la belle ſaiſon comme dans la mauvaiſe.

Je ſonge à tous momens à l'aimable Thereſe,

Et je crains que cela bien fort ne luy déplaiſe,

A moins que ſa vertu tous ſes chagrins n'appaiſe.

Je ſonge à tous momens à l'aimable Thereſe,

Mais je parle un peu trop, il faut que je me taiſe,

Cecy donc entre nous ſoit dit par parantaiſe,

SUR L'AIR

Belle charmante.

DE ce Chaſtel antique
Monſieur Pinard
En habit magnifique
Sortoit fort tard,
Faiſant toûjours ſon petit pot à part.

Il alloit à Germaine
Voir tous ſes bois,
Il alloit dans la plaine
Ramer ſes poids :
C'étoit un habile homme, en bon François.

Pinard voyant la pluye
Laiſſoit pleuvoir,
Et dans ſa galerie

S'alloit asseoir,

Mettant dans le beau temps tout son espoir.

Chaque Feste & Dimanche

Dame Pinard

Mettoit & corps & manches

D'un gros brocard,

Et n'oublioit jamais rouge ni fard.

Elle alloit à confesse

Fort rarement,

Elle entendoit la Messe

Gaillardement

Mais donnoit à l'Offrande largement.

IMPROMPTU.

Sur le mesme air.

DESOLE' par la Puce,
Et le Cousin,
'lût à Dieu que je n'eusse
Jambe ni main,
Me grateray-je helas !
Soir & matin.

POUR

POUR

MADAME LA COMTESSE DE SANZAY, EN BAS POITOU.

Sur l'air,

Amy voici comme je passe ma vie.

HE quoy ! vous avez dans vôtre voisinage
Des Loups qui font ravage,
Qui sont assez insolens
Pour vous montrer les dents :
Croyez moy belle Iris
Tenez vous close dans vôtre logis,
C'est un salutaire avis,
Si vous estes tentée
De faire dans une allée

Quelque tour
Ne marchez point ſans une groſſe Cour,
Nombre de Valets
Chargez de piſtolets,
D'harquebuſes, mouſquets,
Vous promenant accompagnée
Vos Loups deviendront des poulets.

COUPLETS ENVOYEZ

DU PAYS DE FOREST

A MADAME LA MARQUISE

DE SEVIGNE'.

Sur le mesme air.

HELAS! je n'ay point vû dans cette contrée
L'incomparable Astrée,
Ny l'amoureux Celadon
Sur les bords de Lignon:
Je n'ay point vû Hylas,
Je n'ay point vû Philis & Licidas,
Ny le Druide Adamas,
Ny la belle Florice,
Ny Circene & Palinisse,
Ny Damon,

Avec Madonte, Daphnide, Alcidon,
Diane, Silvandre, & la Nimphe Amazis,
Ny la feinte Alexis,
Ny l'importune Leonice
Qui couroit aprés ſon Tircis.

PRIERE

SUR LES BORDS DE LA FONTAINE

DE LA VERITE'

D'AMOUR.

Sur le mesme air.

AMOUR pendant que je suis dans la contrée
De la charmante Astrée
Et du joly Celadon,
Accordez-moy le don
De pouvoir en ce jour
Faire épreuve de mon constant amour.
Dans ta Fontaine à mon tour
Fais que de mon Aminte
J'y trouve l'image empreinte
Prés de moy,

Pour marque d'une mutuelle foy
Il est doux à qui sçait aimer constament
D'estre aimé tendrement,
Et d'estre à l'avenir sans crainte
De quelque facheux changement.

AUTRE.

Sur le mesme air.

SITOST que j'eus achevé cette Priere,
L'eau me parut plus claire,
Et j'y vis vôtre portrait,
Je l'y vis trait pour trait,
J'y reconnus vos yeux,
Vostre bouche, vostre nez, vos cheveux,
Et vostre air si gracieux :
O Dieux ! qu'à cette vûë
Ma pauvre ame fut émuë !
Quel plaisir,
De mon cœur à l'instant se vint saisir,
Quand je vis enfin mes services passez
Si bien recompensez,
Marquise vous m'estes apparuë,
Souvenez-vous-en ? C'est assez.

LA PRECIEUSE
DE LA PORTE
SAINT BERNARD.

Sur l'air

Quel ſpectacle charmant.

QUEL ſpectacle indecent ſe preſente à mes yeux ?
Des hommes vraiment nuds au bord de la riviere !
Me font évanoüir ; ah ! de grace, ma chere,
Evitons cet objet affreux.
Allez viſte, Cocher, retournons à la ville,
Je ſuis paſle, je ſuis débile :
Toutes les horreurs que je voy
Me feront renfermer pour plus d'un an chez moy
Il faudroit par ordonnance

Réformer cet abus,
Et que le Roy là-dessus
Fît une bonne défense
Aux gens de se baigner que chaussez & vêtus.
Il faudroit par ordonnance
Réformer cet abus,
Et que le Roy là-dessus
Fît une bonne défense
Aux gens de se beigner que chaussez & vêtus.

L'ADIEU DES ETATS LE BRETAGNE TENUS A VITRE'.

Sur l'air *de la Fronde.*

IL faut ſur un ton lamentable
Se faire de triſtes adieux ;
Quant à moy le chagrin m'accable,
Les larmes m'en viennent aux yeux.
Adieu Vitré, Ville en Bretagne,
Adieu vray païs de cocagne,
Adieu Bretons, adieu P[illegible]ts,
Adieu tous Meſſieurs des Eſtats.

L'on menoit ici bonne vie,

L'on y joüoit ſoir & matin,
L'on alloit à la Comedie,
Chaque repas eſtoit feſtin:
Le Bal réveilloit la Jeuneſſe,
Où j'ay vû certaine Comteſſe * Madame la Comteſſe de Tonquedec.
Ravir le cœur, charmer les yeux
Quand elle danſoit les Mayeux.

Pour vous, illuſtre Gouvernante,
Pour vous, illuſtre Gouverneur,
Ma Muſe n'eſt pas ſuffiſante
Pour dire avec quelle grandeur,
Avec quelle magnificence
Vous faites l'honneur de la France:
Vous ſouteniez en verité
Tout l'éclat de la Royauté.

C'eſtoit une ſi groſſe preſſe
Dans vos vaſtes appartemens,
Que pour vous voir j'étois ſans ceſſe

Contraint de grimper ſur les bancs ;
Voſtre Cour eſtoit ſi parfaite,
Que le vol de voſtre toilette
Fit connoiſtre que les larrons,
Se fourroient parmi les Bretons.

Je vous fais humble reverence,
Partez Peres, volez Epoux,
Rohan portez en diligence,
Les preſens des Etats chez vous ;
Adieu Lavardin qu'on révere,
Soyez encore une fois pere,
Ne nous laiſſez plus ſans eſpoir
D'un rejetton de Beaumanoir.

Quelqu'un pouroit-il ſe défendre
D'honorer le grand Boucherat ?
Ah ! que je me ſens le cœur tendre
Pour cet auguſte Magiſtrat !
Prés de luy l'on vit ſans contrainte ;

L'on chante, & l'on rit, & l'on pinte,
Et sans choquer la gravité,
Chez luy regne l'humanité.

❧

Il faudroit bien une autre langue
Que langue à chanter des chansons,
Harlay pour loüer la harangue
Que vous avez fait aux Bretons:
LOUIS LE GRAND pour ses affaires
Sçait bien choisir ses Commissaires;
Et nostre premier President
N'est-il pas un homme charmant.

❧

Adieu, petite Bedoyere,
Adieu, Marquise de Carman,
Tonquedec & sa Belle-mere,
La Coste, Marbeuf & Du Han.
Mais je vois Carosse & Litiere,
Quoy chacun vers sa chacuniere
Se dispose à tourner ses pas:
Adieu donc, Messieurs des Estats.

ORIGINE DE LA MAISON DE MORNE.

Sur l'air

Amy voici comme je passe ma vie.

JADIS Constance trés-Chrestienne,
Des Hongrois Souveraine,
Aprés avoir enfanté,
N'eut qu'un enfant morné ;
Dans son affliction
Elle voüa ce triste rejetton,
Et prit un Saint pour patron,
Le poupon dans la biere
Aprés frequentes prieres
Remua,

Et Silvestre Pape le baptisa,
Il eut nom
Leon,
Et fit exploits trés-beaux
Dans le pays de Caux,
De luy descend la race entiere
Des Monchevreuls & Villarceaux.

LE CORDONNIER
DE VEZIN.

Sur le meſme air.

LA Noüe à Geneve ayant beſoin de bottes
Pour ſe tirer des crottes,
Alla chez un Cordonnier
Expert en ſon mêtier,
J'en ignore le nom ;
Mais pour celuy de ſon maiſtre garçon,
C'eſtoit Vezin ce dit-on :
A ce nom magnifique
La Noüe étonné s'explique,
Et d'abord
Soupçonne un ſien Neveu qu'on croyoit mort ;

Il

Il accorda l'âge, le temps, la saison

De si bonne façon,

Qu'il fit d'un Courtaut de boutique

L'Aîné d'une grande maison.

L'ADIEU DES ETATS DE BRETAGNE.

Qui ſe tenoient aux Cordeliers de Nantes.

Sur l'air : *Ne troublez pas nos jeux, importune raiſon.*

PUIS qu'enfin aujourd'huy finiſſent les Etats ;
Adieu Prelats, Barons, ville de Nantes,
Adieu Meſſieurs du tiers, adieu les grands repas ;
Dont il n'eſt malotru qui ne ſe ſente.
Adieu tous les plaiſirs, adieu maris fâcheux :
Que je vous plains chez vous, femmes galantes,
Détalez promptement, Marchands de tous métiers,

Voila le bon temps passé,

Balayez vos dortoirs, bons Peres Cordeliers;

Il faut qu'au bruit succede le silence,

Rentrez dans le devoir, Novices dissipez;

Et vous, Gardien, prêchez

La Penitence.

LA MOUCHE ET LE COCHE.

Fable de la Fontaine.

Sur lair : *Voicy comme je passe ma vie.*

SIx forts Chevaux tiroient à peine un Coche,
Une Mouche s'approche
Croit par son bourdonnement
Soulager leur tourment,
Croit leur donner du cœur,
Et les voyant enfin sur la hauteur
Elle s'en fait tout l'honneur ;
Ainsi dans les affaires
Gens se croyent necessaires,
Qui souvent

N'y ſont qu'un perſonnage impertinent,
Et comme la Mouche, importuns, empreſſez,
Devroient eſtre chaſſez :
J'en connois de ce caractere,
Et crois que vous en connoiſſez.

LE HERON.

Fable de la Fontaine.

Sur le mesme air.

LE Heron cotoyant une Riviere
Aperçoit dans l'eau claire
Un grand nombre de poissons
De toutes les façons;
Il peut manger les gros,
Mais n'ayant point faim il trouve à propos
De les laisser en repos,
La carpe méprisée,
La tanche fort empressée
Se produit,
Pour elle encore il a moins d'appetit,

L'eau ne luy presente plus que du goujon,
Mais c'est luy faire affront,
Dans ce moment l'eau s'est troublée
Qui le reduit au limaçon.

LA FILLE.

Fable de la Fontaine.

Sur le mesme air.

LIZE à de hauts partis pouvoit pretendre ;
Mais à force d'attendre
Les plus beaux & les meilleurs
Se pourvûrent ailleurs.
Il en vint de moins bons,
S'ils n'étoient Marquis ils étoient Barons ;
Et portoient encor des noms,
Lize en est offensée,
Dit qu'elle n'est point pressée,
Que l'Hyver
Luy fournira des gens d'un plus grand air ;
Mais le temps n'offrit plus rien à ses attraits
Que maris au rabais,
Et la pauvrette delaissée
N'eut qu'un Provincial épais.

LE

LE HERON ET LA FILLE.

Fable de la Fontaine.

Sur le mesme air.

LE Heron cotoyant une Riviere
Vit poissons dans l'eau claire
Dont il eut fait son profit
Avec quelque appetit ;
Mais fort mal à propos
Il negligea si bien petits & gros
Qu'il en vint aux Escargots :
Ainsi Lize insensée
N'estant point d'hymen pressée,
Laisse aller

Tous les partis qu'on luy vient proposer.
Mais helas ! aprés avoir bien attendu,
Qui l'auroit jamais crû ?
La pauvrette fut delaissée,
Et n'épousa qu'un malotru.

ADIEU AUX DAMES DES ETATS DE BRETAGNE.

Sur l'air : *Tranquilles cœurs.*

BELLES, quittez vos beaux habits,
Il faut retourner au Village,
Reprendre le cotillon gris,
Et les soins de vostre ménage,
Les Festes seulement pour plaire à vos sujets,
Parez-vous de bouquets.

❧

Ne songez plus à vos Amans,
Il faut mener une autre vie,
Entendre crier vos enfans,
Voir un mary qui vous ennuye,
Que vous direz souvent : Ah! ce temps-cy n'est pas
L'heureux temps des Etats.

VOYAGE DE PROVENCE.

Sur l'air

Voicy comme je passe ma vie.

J'AY vû le Dauphiné, j'ay vû la Provence,
Le Rhosne & la Durance,
Vienne, Valence, Avignon,
Et le port de Toulon,
Aix & son Parlement,
De Magdelaine l'affreux logement
Et le lieu de son tourment;
Hiere & ses beaux jardinages,
La Mer & ses beaux rivages,
Ciotat

Et Caſſis où l'on boit ce bon Muſcat,
Marſeille, Martignes, Niſmes & Salon,
Montpellier, Teraſcon,
Grenoble a fini mes voyages,
Je ſuis de retour à Lion.

VOYAGE DE LOUVOIS

Sur le mesme air.

J'AY fait un assez beau voyage en Champagne,
Oh ! la belle campagne ;
J'ay vû Meaux, Château-Thiery,
Epernay, Sillery,
Les clochers de Châlons,
Avenay, Haï, & tous ces cantons
Où croissent ces vins si bons :
J'ay vû Reims que l'on prise
Pour sa magnifique Eglise,
Et Louvois,
Dont le nom est connu comme je crois ;

J'ay vû Laon, Liesse & tous ses chapelets,
Soissons, Villers-Cotterets,
Nanteüil où j'ay fait chere exquise,
Que ce voyage avoit d'attraits.

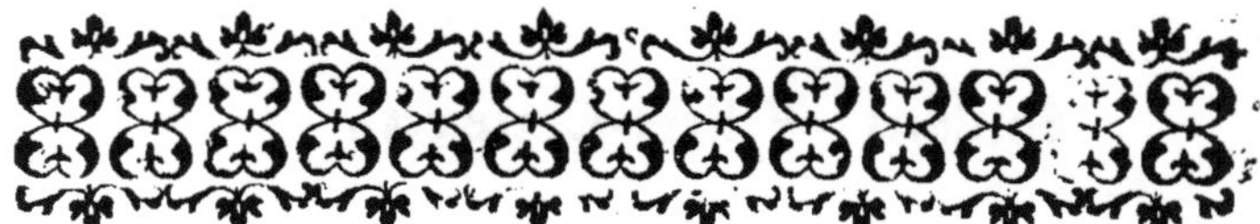

VOYAGE DE PICARDIE

Sur le mesme air.

ENFIN j'ay mis le pied dans la Picardie,
De Peronne & Corbie
J'ay découvert les clochers,
J'ay dîné dans Monstiers,
J'ay soupé dans Amiens;
Et contre qui que ce soit je soûtiens
Que les Picards sont Chrêtiens,
Car j'ay vû leur Eglise,
Et Saint Jean,
Dont le crâne est enchassé dans l'argent;

J'ay couché dans le Château de Pequigny,
J'ay vû Chaulnes, Magny,
La Some * que j'avois omiſe : * *Riviere.*
Voila mon voyage fini.

VOYAGE DE BRETAGNE

Par la Riviere de Loire.

Sur le mesme air.

QUI veut aller de Paris en Bretagne
Doit se mettre en campagne
Par Lonjumeau, Montlery,
Chastre, Estempes, Toury,
Puis gagner Orleans,
Où l'on prend des batteaux petits & grands,
Selon que l'on a de gens:
La Loire vous presente
Chasteaux & Villes charmantes,
Boisgency,

Et sur ses bords Menars y brille aussi,

Blois, Amboise, Tours, Monsereau, Cande, Ussé,

Saumur, le Pont de Cé,

Ingrande, Ancenis; enfin Nantes,

Où mon Battelier m'a laissé.

VOYAGE DE BRETAGNE,

Par le païs du Maine.

Sur le mesme air.

QUAND de Paris on veut aller à Rennes
Par le païs du Maine,
L'on prefere Palaiseau
Au fameux Lonjumeau,
Par le Gué de Loré,
Par Chartre, Chanron Nogent, la Ferté,
L'on trouve enfin Conneré,
Puis l'on gagne au plus viste
Malicorne trés bon giste,
Et Sablé,

D'où l'on va droit par Laval à Vitré,
Les Bretons commencent là de rendre honneur
Au Duc leur Gouverneur,
Et si grosse devient sa suite
Qu'on arrive à Rennes sans peur.

AVIS

AUX PERES DE FAMILLE.

Sur l'air *des Ennuyeux.*

POUR bien élever vos enfans,
N'épargnez Precepteur ni mie ;
Mais jusques à ce qu'ils soient grands,
Faites les taire en compagnie,
Car rien ne donne tant d'ennuy
Que d'écouter l'enfant d'autruy.

Le Pere aveugle croit toûjours
Que son fils dit choses exquises ;
Les autres voudroient estre sourds,
Qui n'entendent que des sottises ;
Mais il faut de necessité
Applaudir à l'enfant gasté.

Quand on vous a dit d'un bon ton
Qu'il eſt joly, qu'il eſt bien ſage,
Qu'on luy a donné du bon bon,
N'en exigez pas davantage,
Faites luy faire ſerviteur,
Auſſi bien qu'à ſon Precepteur.

Peres charmez de vos enfans,
Recevez cet avis ſincere,
Eſtant ſeuls prenez voſtre temps
Pour joüir des plaiſirs de pere,
Mais en public en verité,
Suſpendez la paternité.

Parlant d'eux ne dites jamais
Qu'ils ſont beaux, ni qu'ils ſont aimables,
Un pere fait mal des portraits,
Eſope l'apprend dans ſes Fables:
Voyez celle du Chathuant,
Et croyez-moy, profitez-en.

Qui croiroit qu'avec du bon ſens,
Quelqu'un puſt s'aviſer d'écrire
A des marmouſets de trois ans,
Qui de quatre ans ne ſçauront lire ;
D'un pere encor dernierement
Je vis ce fade amuſement.

Sçachez encore mes bonnes gens,
Que rien n'eſt plus inſupportable,
Que de voir vos petits enfans
En rang d'oignon à la grande table,
Des morveux qui le menton gras,
Mettent les doigts dans tous les plats.

Qu'ils mangent d'un autre coſté
Sous les yeux d'une gouvernante,
Qui leur preſche la propreté,
Et qui ne ſoit point indulgente ;
Car on ne peut trop promptement
Apprendre à manger proprement.

Jadis

Jadis le potage on mangeoit
Dans le plat ſans ceremonie,
Et ſa cuillier on eſſuyoit
Souvent ſur la poule boüillie ;
Dans la fricaſſée autrefois
On ſauſſoit ſon pain & ſes doigts.

✤✱✱✤

Chacun mange preſentement
Son potage ſur ſon aſſiette,
Il faut ſe ſervir poliment
Et de cuillier & de fourchette,
Et de temps en temps qu'un valet
Les aille laver au buffet.

✤✱✱✤

Tant qu'on peut il faut éviter
Sur la nappe de rien répandre,
Tirer du plat ſans heſiter,
Le morceau que l'on y veut prendre ;
Et que voſtre aſſiette jamais
Ne ſerve pour differens mets.

Trés-ſouvent il en faut changer,
Pour en changer elles ſont faites,
Tout ainſi que pour s'eſſuyer
On vous donne des ſerviettes;
A table comme ailleurs enfin
Il faut ſonger à ſon prochain.

Combien ay-je trouvé de gens,
Mais des gens de grande importance,
Qui ſur ce point par leurs parens,
Gaſtez dés leur plus tendre enfance,
Entaſſent morceaux ſur morceaux,
Et mangent comme des pourceaux.

En faveur des petits enfans
Je veux gronder les gouvernantes,
Qui pour les rendre obéïſſans,
Leurs font des peurs extravagantes,
Et qui contentes du ſuccez
Les rendent peureux à jamais.

On leur fait peur du loup-garou;
On leur fait peur de la grand beſte;
Le dragon va ſortir d'un trou
Qui pour les avaler s'appreſte,
Enfin ces petits malheureux
N'ont que des monſtres autour d'eux.

De là vient que quand ils ſont grands
Ils ont peur par accoûtumance;
De là vient que les objets blancs
La nuit mettent leur cœur en trance,
Et qu'effrayez des moindres bruits,
Ils croyent que ce ſont des eſprits.

L'on n'oſe plus paſſer les nuits
Sans une eſcorte ou ſans lumiere,
L'on voudroit eſtre au fond d'un puits
Si-toſt qu'il tonne ou qu'il éclaire,
Et meſme avec beaucoup de cœur
L'on ne peut vaincre cette peur.

Je ne sçaurois trop condamner,
Encore ces craintes mal fondées,
De se trouver treize à dîner,
Et des salieres renversées,
Et cent mille autres pauvretés,
Dont bien des gens sont enteſtés.

Peres, ne soyez point fâchez,
D'un avis auſſi neceſſaire,
Tant que vous pourrez empêchez
Tous les sots contes de commere,
Qui ne servent à nos enfans
Qu'à les gaster petits & grands.

LE PERE DE FAMILLE donnant à dîner à M. de ***

Sur le mesme air.

EMPORTEZ viste vostre fils,
Et ne vous montrez pas, Nourice,
Qu'on fasse manger les petits,
Et leur Precepteur dans l'office,
Car aujourd'huy dîne ceans
Le fleau des petits enfans.

POUR MADAME LA COMTESSE DE G.***

Qui pensa se noyer sur le Rhosne, en allant en Provence.

Sur l'air

Ah! quelle folie.

COUPLET RETOURNÉ.

AH! quelle folie
D'exposer sa vie
Au courant de l'eau
Dans un petit batteau:
L'on peut quand on est miserable
Chercher un écueil favorable

Pour y faire son tombeau ;
Mais risquer sa vie
Sous un Ciel si beau,
Si prés de son Château,
Ah! quelle folie.

POUR LA MESME.

Sur l'air

Un prescheur indigne.

DESCENDANT le Rhosne
Où se confond la Saône,
Descendant le Rhosne
Par un temps assez beau ;
Voicy Climene
Ce que ma veine
A fait sans peine
Au bruit de l'eau,
Couché dans le fonds d'un batteau.

Au mois de Novembre
Frere aîné de Decembre,

Au

Au mois de Novembre
Doit paroiſtre un enfant
Digne du pere
Et de la mere,
Et d'un ſien frere
Que dans un an
Nous verrons naiſtre dans Grignan.

POUR MADAME DU GUE' BAGNOL, INTENDANTE DE LION.

Sur l'air *des Ennuyeux.*

AIMABLE Intendante ſans vous
J'aurois une triſte vieilleſſe,
Car ſouvent (ſoit dit entre nous)
Fortune ſans argent me laiſſe,
Mais je ne puis faire le gueux,
Il fait bon battre glorieux.

A mon âge on a grand beſoin
De calottes & de lunettes,
C'eſt toûjours vous qui prenez ſoin
De ces neceſſaires emplettes,
Et qui me faites voir encor

Qu'il eſt pour moy des loüis d'or.

Je vous adore jour & nuit,
Je vous aime plus que ma vie,
Vos ſapates ſont un grand bruit,
Je les chante, & je les publie,
J'attens encor de vos bontez
Mitaines & manteaux fourrez.

POUR MONSIEUR DE ***

Sur l'air *des Ennuyeux.*

VOULEZ-vous dans voſtre maiſon
Faire à vos amis bonne chere,
Vivez avec eux ſans façon,
Donnez liberté toute entiere,
Loin de les ſuivre pas à pas,

Trés-ſouvent ne les voyez pas.

N'acceptez pas legerement
La choſe qui vous fait envie,
On ne vous l'offre bien ſouvent
Que par pure ceremonie;
Démeſlez donc l'honeſteté
D'avec la ſincerité.

Oncles riches & ſans enfans
Loin d'entaſſer piece ſur pieces,
Songez à vos pauvres parents,
Mariez promptement vos Niepces,
En leur faveur faites un effort
Pour que l'on pleure à vôtre mort.

SUR L'AIR

Un prescheur indigne.

ABBE' de Feuguieres

C'essez d'estre en colere,

Abbé de Feuguieres

Cessez d'estre chagrin;

Bonne poivrade,

Capilotade,

Saulce au Lapin,

Valent bien Sonnet & Quadrain.

AUTRE

Sur le mesme air.

Dessus le Parnasse
Dans la premiere place,
Dessus le Parnasse
Tous les jours de festin,
Le bon Feuguieres
Avec l'éguiere,
Et la Saliere
Mettra la main
Pour faire la saulce au Lapin.

POUR MADAME
LA COMTESSE
DE ***

Sur l'air : *Dépeschez preparez ces lieux.*

PROVINCIAUX vous estes heureux
D'avoir ce chef-d'œuvre des Cieux,
Grignan que tout le monde admire,
Et dont l'esprit rare & charmant
Fait qu'on soupire
Icy de son éloignement.

Provinciaux voulez-vous nous plaire,
Dépeschez, rendez nous, rendez-nous,
Rendez cet objet si doux,
Nous en avons affaire,

Gardez Monſieur ſon Epoux,
Et rendez-la nous,
Rendez cet objet ſi doux,
Nous en avons affaire,
Gardez Monſieur ſon Epoux.

POUR
MADAME LA MARQUISE
DE ROCHEFORT.

Sur l'air *des Ennuyeux.*

L'INCOMPARABLE ROCHEFORT
Veut-elle qu'on luy dise encor
Qu'elle est maîtresse de mon sort,
Et que c'est-elle que j'adore;
J'ay beau luy repeter souvent,
Autant en emporte le vent.

POUR MADAME DE ***

Sur le mesme air.

POUR tranquillement voyager,
Méprisez les trous, les ornieres,
Taschez de vous accoûtumer
Aux penchants des bords des rivieres;
Car en criant à chaque pas,
Madame, vous ne vivez pas.

AVIS
AUX PRENEURS
DE CAFFE'.

Sur le mesme air.

VOULEZ-vous prendre du Caffé,
Mais le prendre avec methode,
C'est à-dire pour la santé,
Et non point pour estre à la mode,
Affublez-vous d'un voile épais,
Et l'avalez à petits traits.

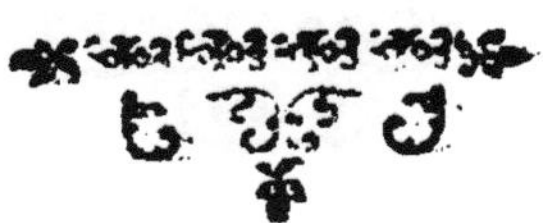

POUR LES DAMES.

Sur le mesme air.

QUAND à table l'on veut chanter,
Fumer, & boire avec licence,
La femme se doit retirer,
Et faire une humble reverence,
Pour éviter certains propos,
Enfans des pintes & des pots.

SUR UN VOYAGE FAIT AVEC MADAME DE ***

Sur le mesme air.

JE vous quitte, mon cher Paris,
Avec une joye infinie,
Je m'en vais courir le païs,
Le païs de galanterie,
Je prend l'amour pour conducteur,
Et Bachus pour mon protecteur.

Je m'en vais suivre pas à pas
Une Nimphe belle & charmante,
Son air a pour moy des appas,
Et tout son procedé m'enchante;
Plust à Dieu que ma belle humeur
Pust un jour luy toucher le cœur.

AUTRE

Sur le mesme air.

CHAQUE ville a son boutte-en-train,
Qui veut rire quoy qu'il en couste,
Nous l'avons vû par le chemin
Dans les villes de nostre route :
Boutte-en-train de Chasteau-Thierry,
C'est la Dame de Vessigny.

L'AUTEUR

ESTANT A LAMBESE en Provence.

Sur l'air *Dépeschez preparez ces lieux.*

QUOY faut-il quitter ce sejour
Où la poste en bien plus d'une heure
M'a conduit avec tant de charmes;
Ah! je m'en vais incessamment
Verser des larmes
De mon cruel éloignement.

Je ne suis point un hypocrite;
Nuit & jour je vous regrette tous,
Jacqmart arrestez vos coups,
Jacqmart & Marguerite
A qui diable en avez-vous,

Arreſtez vos coups
Jacqmart arreſtez vos coups,
Jacqmart & Marguerite,
A qui diable en avez-vous.

SUR

SUR LE RETOUR DE MADAME LA MARQUISE DE ***

Sur l'air *des Prunes*.

QUE Madame d'. ***
Est une aimable femme,
Chacun disoit à la Cour.
Quoy la voila de retour,
Tredame, Tredame, Tredame.

Sur le mesme air.

DE Sanzay, de Châtelus
Qu'elle est la plus habile,
Boucher répond la-dessus
J'estime Sanzay la plus
Fertile, fertile, fertile.

POUR MADAME
LA COMTESSE
DE ***

Sur l'air *des Ennuyeux*.

Ma pauvre sœur qu'il est aisé
De vous faire au ventre une bosse ;
Belle Comtesse de S. ***
Tous les neuf mois vous estes grosse ;
Quand vostre époux sera venu,
Envoyez-le chez la Cornu.

Fut-il jamais rien moins charmant
Qu'un tas d'enfans qui toûjours crie ;
L'un dit papa, l'autre maman,
Et l'autre pleure aprés sa mie,
Et pour avoir cet entretien,

Vous estes maigre comme un chien.

Pour moy, je n'ay point cet ennuy;
Et je m'en trouve plus habile;
Heureux qui n'en fait point chez luy,
S'il en fait qui les fait en ville,
L'on n'a point d'incommodité,
Toûjours bon temps & liberté.

POUR MONSIEUR

DE LA GUERRE

de la Maiſon de Pantin.

Sur l'air

O digne fils de ton pere Herodot.

MAIS la Guerre pourquoy venir de temps en temps
Me parler de Genealogie :
Eſt-ce que tu pretends
Que j'honore des gens
Qui ne ſont plus en vie
Il y a ſix-vingt ans ?
O digne fils de ton pere Pantin, de ta mere Laurens.

Mais la Guerre pourquoy de momens en momens,
Tombez-vous dans une maladie ?
La sœur de Dom Bertrand
En faisoit tout autant,
Qui jamais en sa vie
N'eut de contentement :
Ah ! purgez-vous rejetton de Pantin, rejetton de Laurens.

POUR

MADAME DE SEVIGNÉ EN PROVENCE.

Sur l'air : *Une jeune Demoiselle.*

UNE charmante Marquiſe
Que par tout l'on eſtime & l'on priſe,
Cette charmante Marquiſe
Toûjours ſi bien miſe,
A fait enfin ſa valiſe,
Et nous a laiſſé au beſoin :
Ah ! pourquoy la belle Eliſe
Dont elle eſt épriſe
Eſt elle ſi loin ?

SUR L'AIR

D'un Menuet.

QUI craint la poudre
Qu'on ſouffre en marchant,
Ne doit pas ſe reſoudre
A marcher un moment,
Lorſque dans l'air il fait un fort grand vent ;
Car la pouſſiere
Pour l'ordinaire
Vous met un œil, ou deux en deſaroy,
Que puis aprés l'on frotte malgré ſoy.

SUR LES QUATRE
FAMEUX CABARETS
DE ROME.

Sur l'air *des Lampons*.

SUR mer fuyons les combats,
Pour moy je fais plus de cas
Des vaisseaux de la Palotte,
Que de tous ceux de la flotte.
Lampons, lampons,
Camarades lampons.

Le bruit court que Papachin
Nous prendra quelque matin;
Il vaut mieux baiser la mule
Du saint homme Pape Jule.
Lampons, lampons,

Camarades

Camarades lampons.

Mourons où mourut Bourbon,
Il éternisa son nom,
Suivant l'Histoire profane
A Porte l'Ethimiane.
Lampons, lampons,
Camarades lampons.

J'opine à rester icy,
J'y bois fort bien, Dieu merci :
J'aime mieux le mont Tetache
Que le quartier Saint Eustache.
Lampons, lampons,
Camarades lampons.

CHANSON FAITE A GENES.

Sur l'air *de Jean de Vert.*

VIVONS icy tranquillement,
Faisons-y bonne chere ;
Il ne faut pas legerement
Remonter en galere ;
Le plus sûr est en ce païs
De se conformer à la vie
Des gens de mer,
Des gens de mer.

Puisqu'enfin nôtre Ambassadeur
A remis pied à terre,

Peut-on luy rendre trop d'honneur ?
Armons-nous tous d'un verre,
Et beuvons pour hausser le tems,
Car ce sont là les sentimens
Des gens de mer,
Des gens de mer.

Il est constant que Ratabon
Fait honneur à la France,
La Cour doit avoir tout de bon
Egard à sa dépense.
Heureux abry que sa maison,
Affreux sejour que le gavon
Des gens de mer,
Des gens de mer.

AUTRE CHANSON
Faite en partant de Genes.
Sur l'air *des Trembleurs*.

QUEL plaiſir ſur l'onde amere
D'eſtre dans une galere !
Quand on voit d'un vent proſpere
Le Maraboutin bouffi :
Mais de voir dans un repaire
Un vent à l'autre contraire,
Et qu'un Levant refractaire
Au Ponant fait un défi, fi, fi, fi, fi,
Nargue des flots
Quand ils ſont gros,
A terre vuidons en repos
Les pots, les pots, les pots, les pots.

AUTRE

Sur le mesme air.

LE cruel mal que la goutte !
Quand la diablesse s'y boutte
Elle vous met en déroute
Les pieds, les mains, les genoux :
Faut-il que je la redoute ?
Faut-il aussi qu'il m'en coûte
De n'oser boire une goutte
De ces vins picquans & doux, doux, doux, doux, doux ?
Ma foy beuvons
Recommençons
Je n'ay plus la goutte aux talons,
Allons, beuvons, allons, beuvons, &c.

SUR L'AIR

Vostre jeu fait icy grand bruit.

TOUS les chats & tous les matous
Aujourd'huy vont manger du mous
Chez une illustre Maréchalle ;
Cet avis vous vient de la part
De la miolante cabale
Dont vous estes le Rodilard.

À MADAME DE B***

Sur le mesme air.

DEPUIS que je suis à Louvois
Bernieres je mange & je bois,
Je mange & bois de telle sorte
Qu'il me faut toûjours à l'écart,
Où bien derriere quelque porte
Le poëslon de Monsieur Pinard.

Ce poëslon est des plus ancien,
Et ce poëslou sent fort son bien,
C'est où d'une heureuse memoire
Monsieur Pinard & ses amis
Quand ils s'étoient creve de boire
Rendoient tout ce qu'ils avoient pris.

A MADAME LA DUCHESSE DE CHAULNES, SUR LA VISITE DE MADEMOISELLE DESCARTES, Pendant ma maladie à Victé.

Sur le mesme air.

Duchesse qui dans les Etats
De nos Dames reglez les pas,
Faites que Descartes demeure,
L'heritiere d'un nom si beau
Meriteroit que tout à l'heure
Je fisse raser mon museau.

Mais peur raser il est bien tard;
Et si demain la belle part
Elle n'aura vû qu'un malade,
Je voudrois luy paroître sain,
Luy faire oublier ma pelade,
Et ma barbe de Capucin.

Peut-être que dans quatre jours
L'amour me presteroit secours,
Et que par sa force secrette
Qui touche les cœurs inhumains
Sans ombre, piquet, ni bassette
J'aurois Descartes dans les mains.

REPONSE
DE MADEMOISELLE
DESCARTES,
Faite par elle-même.

Sur le mesme air.

SI je vous avois vû galand
Frizé, razé, joly, brilland,
Mon cœur seroit pris où je meure,
Il est charmé de vos discours,
J'ay passé prés de vous une heure
Dont je me souviendray toûjours.

Vous m'avez montré de l'esprit
Au dessus de ce qu'on en dit,

Certain air engageant, honeſte,

Un procedé tendre & charmant :

Ah ! je ſerois voſtre conqueſte

Si je ne fuyois à l'inſtant.

AUTRES COUPLETS

FAITS PAR MADEMOISELLE DESCARTES.

Sur le meſme air.

COULANGE le matin & ſoir
Je crois vous entendre & vous voir,
Mais ne vous voyant qu'en idée,
Heureuſe dis-je à tout moment,
Qui de méme amour poſſedée
Peut vous voir effectivement.

Déja ſur l'écorce des bois
J'ay gravé le nom mille fois
De ce beau Berger que j'adore ;
J'ay prié les jeunes Zephirs

D'oublier pour quelque temps Flore,
Et de luy porter mes soupirs.

❧✱✱✱❧

Ainsi de mes tendres propos
Je fais raisonner les échos,
Et quand je prononce Coulange
Ils prennent plaisir tour à tour
De repeter tant de fois ange,
Qu'ils en augmentent mon amour.

SUR

UN VIEUX LIT DE FAMILLE.

Retrouvé à Susy chez Madame Amelot.

Sur l'air ; *Enfin grace au dépit.*

ENFIN je vous revois vieux lit de damas verd,
Vos rideaux sont d'Eté, vos pantes sont d'Hyver.
Je vous revois vieux lit si cheri de mes peres
Où jadis toutes mes grands-meres
Lors que Dieu leur donnoit d'heureux accouchemens
Sur leur fecondité recevoient complimens.
Helas! que vous avez une taille écrasée ;
L'on ne voit plus en vous ni grace, ni façon,

Autant de modes que d'années.

Aujourd'huy le Tapiſſier Bon *Tapiſſier du Roy.*
A ſi bien fait par ſes journées,
Qu'un lit tient toute une maiſon.
Une maiſon.

COUPLET

EN RE'PONSE

A MONSIEUR DE ***

PAR MONSIEUR DE ***

Faisant parler le Lit.

Sur le mesme air.

DEPUIS un fort long-temps je ne vous ay point vû,
Mais je vous connois bien, car vous n'êtes pas crû
Sur mes durs matelats plus de crin que de laine
Vôtre mere accoucha sans peine,
Elle vous mit au jour sans beaucoup de douleur,
Et jetta seulement quelques cris par honneur.
Les Devins consultez cette même journée

Prédirent

Prédirent que du fils de Jeanne d'Ormesson
La fortune seroit bornée
Par quelque mauvaise chanson ;
Voila qu'elle est la destinée
De ce pauvre petit garçon,
Petit garçon.

REPONSE

A LA RE'PONSE.

Sur le mesme air.

QUAND je me divertis dequoy se mêle-t-on
De vouloir plaisanter d'un couplet de chanson !
Ne puis-je, sans trouver de Goguenard critique
Rire aux dépens d'un lit antique ?
Pourquoy vouloir donner des yeux à ce vieux lit
Pour voir si je suis grand, ou si je suis petit ?
Critique, si le lit où couchoient tes grands peres
Avoient eu de leur tems la faculté de voir,
Peut-estre eust-il veu force affaires
Contre le nuptial devoir.
Un lit sert à bien des mysteres
Qu'il ne faut pas toûjours sçavoir,
Toûjours sçavoir.

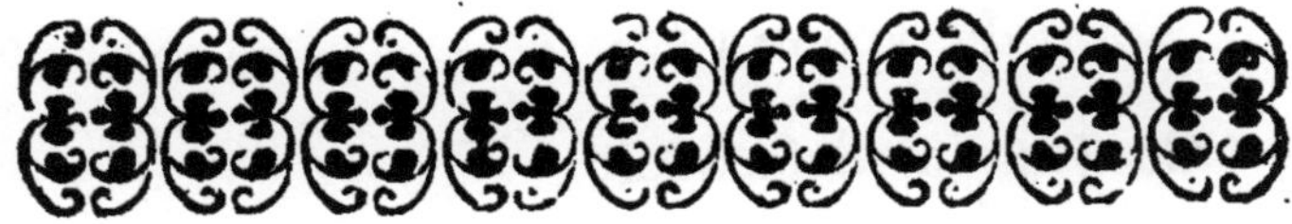

POUR MADEMOISELLE DE CARDAILLAC.

Sur l'air,

Un Berger dans un coin, &c.

J'AY trouvé dans un sac
Cardaillac,
J'ay trouvé dans un sac,
Qu'Antoine ton grand pere
Epousa d'Aquino,
Et la fit grande mere
De ton pere Jeannot.

Ce Jeannot descendoit

Et venoit,

Ce Jeannot descendoit

De Ludovic son pere,

Baron de Saint Cernin,

Et de sa propre mere

Renée de Rostaing.

Ce Jeannot épousa

Caressa,

Ce Jeannot épousa

La charmante Isabelle

Du vray sang de Martel,

L'on dit qu'elle étoit belle

Et plus douce que miel.

Son frere Gedeon

Avoit nom,

Son frere Gedeon,

Fut pere de cinq filles

Leur air étoit divin,

Entre les plus gentilles
Je connois Montelin.

Cardaillac croyez moy
Sur ma foy,
Cardaillac croyez moy,
Serez & corps & manches,
Juppes, souliers aussi,
Gardez-les pour Dimanche
Il n'est que Mecredy.

Retournez au Convent
Promptement,
Retournez au Convent,
Les Vespres sont sonnées
Allez chanter au Chœur,
Vos meres enrumées
Chantent à faire peur.

Vôtre frere n'est plus

Au ſurplus,
Vôtre frere n'eſt plus,
Il eſt dans une biere
Choiſiſſez un mary,
Vous eſtes heritiere
Dame de Saint Jory.

LE MARIAGE DE MONSIEUR LE PRINCE DE TURENNE.

Sur l'air *Laissez paître vos bestes.*

CHANTONS le mariage,
De Turenne, & de Vantadour;
Dieu leur doint bon ménage,
Et repos plus d'un jour.
Chez la Tante de la Ferté,
Le grand repas fut aprêté
Pour maintes gens de qualité,
Parens considerables,
Princes du Sang, & Ducs & Pairs

Partagèrent deux tables
De cinq fois dix couverts.

Chantons le mariage
De Turenne, & de Vantadour;
Dieu leur doint bon ménage,
Et repos plus d'un jour.
Les Conviez étant assis
On leur servit des mets exquis,
Bisques, ortolans, faisans perdrix:
Dieux quelle grande chere!
Les bons vins qu'on but à longs traits!
Le festin d'Assuere
N'en approcha jamais.

Chantons le mariage
De Turenne, & de Vantadour;
Dieu leur doint bon ménage,
Et repos plus d'un jour.
Aprés souper les violons

Firent

Firent de charmans carillons,
Le tout à l'honneur des Boüillons ;
Le concert, la Musique,
Les airs, les voix, les instrumens,
Un spectacle comique,
Tout réjoüit les sens.

❧✱✱❧

Chantons le mariage
De Turenne & de Vantadour ;
Dieu leur doint bon ménage,
Et repos plus d'un jour.
Dés aussi-tost qu'on entendit
Sonner minuit, on descendit,
Tout le monde en foule sortit ;
L'on marche, & chacun tâche
D'aller voir Langres promptement,
Qui Siege à saint Eustache
Episcopalement.

❧✱✱❧

Chantons le mariage

De Turenne, & de Vantadour;
Dieu leur doint bon ménage,
Et repos plus d'un jour.
L'Epoux, l'Epouſe d'un pas lent
Arriverent d'un air content,
Et le peuple dit, en chantant,
Ah! que la Mariée
Tout ainſi que le Marié
Eſt bien appariée,
Eſt bien apparié:

Chantons le mariage
De Turenne, & de Vantadour;
Dieu leur doint bon ménage,
Et repos plus d'un jour.
Le grand Prelat tres-doctement
Harangua ſur le Sacrement,
Et cita le Vieux Teſtament;
Toute la Compagnie
Admira ſes traits éloquens,

Et la ceremonie
Ne dura pas long-tems.

Chantons le mariage
De Turenne, & de Vantadour;
Dieu leur doint bon ménage,
Et repos plus d'un jour.
Les Mariez dans leur logis
Par la famille & les amis
Furent tres-promptement ſuivis;
La preſſe eſt aux toilettes,
Et pour les mettre dans le lit
L'on dit tant de ſornettes
Que l'Hymen en rougit.

Chantons le mariage
De Turenne, & de Vantadour;
Dieu leur doint bon ménage,
Et repos plus d'un jour.
Le lendemain tous les parens

Du ſuccés parurent contens,
On apporta force preſens,
Belles-meres & Tantes
Donnerent perles, & rubis,
Des parures brillantes,
Et des bijoux de prix.

Chantons le mariage
De Turenne, & de Vantadour;
Dieu leur doint bon ménage,
Et repos plus d'un jour.
Turenne, tout ce que je dis,
Et qu'en Chanſon je vous écris,
On me l'a mandé de Paris;
Il faut en diligence
Un enfant de vôtre façon,
Un Heros d'importance
Digne de vôtre nom.

POUR

MADAME LA COMTESSE

DE ***

Sur l'air, *Un Berger dans un coin.*

AIMEZ-vous Charenton
Tout de bon,
Aimez-vous Charenton;
Ah! croyez-moy Comteſſe
Quittez Beze & Calvin,
Et venez à Confeſſe
Au bon Abbé Goblin.

RE'PONSE.

OUY j'aime Charenton
Tout de bon;
Oüy j'aime Charenton,
Qui n'en feroit de même,
L'on y vit ſans façon,
Sans Jeûne ny Carême
Et ſans Confeſſion.

POUR LA MESME.

Sur le mesme air.

DANS un vieux Parchemin
Ce matin,
Dans un vieux Parchemin,
J'ay leu que Mathurine
Turine de Cumont,
Pouvoit estre Cousine
D'Elisabeth de Pont.

POUR LA MESME.

Sur l'air

Amans aimez vos chaînes.

HE ! quoy par Mathurine
Turine de Cumont,
J'ay donc une Cousine
De la Maison de Pont,
Mon Dieu quelle richesse,
J'en ay tant d'allegresse,
Que pour les Puyrigauts
Je quitte Loüis le Gros.

LE PAIN BENY DE BAVILLE.

Sur l'air : *Laissez paître vos bestes.*

QUITTEZ la grande Ville,
Gens de Cour, & gens de Paris ;
Venez voir à Baville
Le Roy des Pains benis.
C'est tout de bon qu'à Saint Cheron,
Belle Dame de Lamoignon,
Le donne à Pasque, ce dit-on :
De riches banderolles
Le Pain beny sera paré,
Du cierge les pistoles
Charmeront le Curé.

Quittez la grande Ville,

Gens de Cour, & gens de Paris;
Venez voir à Baville
Le Roy des Pains benis.
Dés qu'il ſera ſorti du four
Nous danſerons tous à l'entour
Au ſon du fiffre, & du tambour:
Qui menera la bande
Sera l'Avocat General,
Danſera Sarabande
La Servante à Paſchal.

Quittez la grande Ville
Gens de Cour, & gens de Paris;
Venez voir à Baville
Le Roy des Pains benis.
De Saint Maurice, & de Courſon
Tous les peuples viendront au ſon,
Coulange prendra Lamoignon,
Pequot prendra Baville,
Et la belle Ollier S. Germain,

Suivis de Tieſſonville,
Et du Pere Rapin.

Quittez la grande Ville
Gens de Cour, & gens de Paris,
Venez voir à Baville
Le Roy des Pains benis.
Le Pere Bouhours ira bon train,
Car il n'eſt point du tout chagrin;
Il chantera même au Lutrin.
Baignol plein de prudence
Nous fera connoſtre en ce jour
Qu'un homme d'importance
Peut vivre hors de la Cour.

Quittez la grande Ville
Gens de Cour, & gens de Paris;
Venez voir à Baville
Le Roy des Pains benis.
Ainſi fut dit, ainſi fut fait,

Tout le monde fut satisfait,
Et le branle fut si parfait,
L'on fit si bonne chere,
Et le Pain beni fut si beau
Qu'on en parle à Briere,
Et méme à Lonjumeau.

POUR

MADAME LA MARQUISE

D'HEUDICOUR.

Sur l'air,

Amans aimez vos chaînes.

N'ESTES vous pas un Astre
De la Maison de Pont,
De celle de l'Encastre,
Toulouze & d'Arragon;
J'en viens en droite ligne,
Ne suis-je pas trés digne
D'en porter l'Ecusson,
Et d'en avoir le nom.

Tarasie de Guyenne,
Elizabeth de Foix,

Pouvoient bien eſtre Reine
En Epouſant des Rois;
Mais dés qu'on n'eſt point maître
L'on ſe fait honneur d'eſtre
Dedans nôtre Maiſon
Toûjours Sire de Pont.

L'on pourroit ſans machine,
S'il en eſtoit beſoin,
Pouſſer ſon origine
Encore un peu plus loin;
Car juſqu'au grand Pompée
Avec ma lignée,
J'irois en verité,
Sans mon humilité.

SUR L'AIR

Quoy camper en cette saison.

COUPLET RETOURNÉ.

QUOY boiter en cette saison
Tout comme un Guerrier mal au talon;
Les Consuls & tous les Ciceron
L'Esté n'avoient point les mules dit-on,
L'Esté n'avoient point les mules.

✱✱✱✱✱✱✱✱✱✱✱✱✱✱✱✱✱✱✱✱✱✱✱✱✱✱✱

Sur le mesme air.

QUOY partir le premier jour de May
En bon équipage & le cœur gay,
N'arriver que le douze à Bourbon;
C'est là n'aller pas trop viste, dit-on,
C'est la n'aller pas trop viste.

POUR MADEMOISELLE AMELOT.

Sur l'air

Puissant Roy qui donnez chaque jour.

JE croyois belle Iris tôt ou tard
Que sçachant qu'un douloureux Javard
M'avoit mis enfin sur la litiere,
Vous prendriez quelque soin de mon mal ;
Mais helas ! beauté cruelle & fiere
Vous me laissez aux soins du Marêchal.

SUR LE MESME AIR.

En allant à Louvois avec Madame DE LOUVOIS.

TOUS les jours voir un nouveau païs,
Tous les jours faire un nouveau logis ;
Tous les jours une harangue nouvelle,
Et tous les jours quelque present nouveau ;
Tous les jours une orniere cruelle
Où l'on a peur de trouver son tombeau.

POUR

POUR MADAME LA MARESCHALE DE R.***

Dans ſon grand deüil.

Sur le meſme air.

CROYEZ-moy Philis conſolez vous,
C'eſt aſſez regretter un Epoux,
Vos appas vous demandent juſtice,
Remettez-les de grace en liberté,
Si jamais vous leur eſte propice,
Je vous promets toute felicité.

S

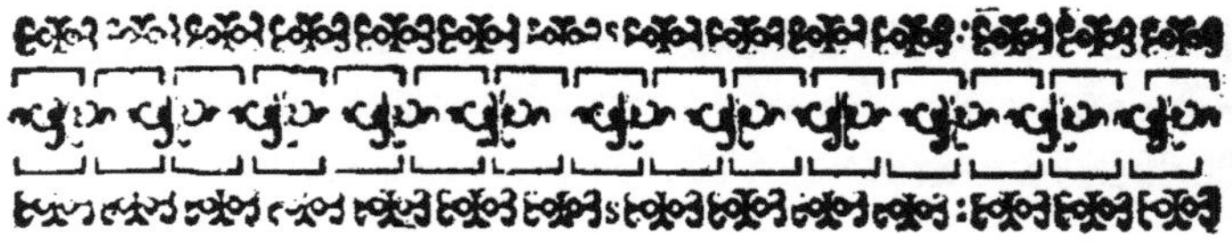

COUPLET

FAIT A COUBERT

Sur une Peinture d'une Galerie, representant le Marêchal de. * * *

Sur le mesme air.

AUTREFOIS un Seigneur de renom,
Monté sur le bidet de Simon
Tua Sanglier d'énorme taille,
Et par sa mort fit si belle action,
Qu'à Coubert encore sur la muraille
Il en est fait celebre mention.

VOYAGE DE ROME.

Sur l'air

C'est ainsi que je passe ma vie.

NON ma Muse ne sçauroit plus se taire ;
Je chante les galeres
Au nombre de vingt-huit,
Qui voguans jour & nuit
Seurement ont porté
Ambassadeurs, Cardinaux, maints Abbez
En terre de Papauté.
L'agreable voiture !
Mais survint une avanture
Qui fit peur
Et troubla le repos du Voyageur.

L'on ſuivit un jour ſix vaiſſeaux ennemis,
Et nous les euſſions pris
Si la nuit qui fut fort obſcure
Ne nous euſt fait changer d'avis.

AUTRE

Sur le mesme air.

QUOY je revois ce fameux Colisée
Au bout de trente années !
Je revois le Pantheon,
Le Palais de Neron,
L'Arc du Grand Constantin,
Le Temple de Faustine, & d'Antonin ;
Et le Mont Capitolin ;
Je revois Marc-Aurele,
Les chevaux de Praxitelle,
Et je sens
Tous les plaisirs que j'avois à vingt ans.
J'ay la même humeur & la même santé,
Je suis en liberté.
Fortune tu m'as fait querelle,
Mais tu ne m'as point maltraité.

LES PLAISIRS DE ROME

Sur l'air *de la Ducheſſe.*

SANS vous faire un plus long diſcours,
Si vous voulez, je vous apprendray comme
Nous paſſons à Rome
Preſque tous les jours :
Nous viſitons vignes, Palais, Egliſes,
Nous entendons des Muſiques exquiſes,
Nous vivons comme en France,
Chez l'Ambaſſadeur ;
A plus d'une Eminence
Nous rendons honneur.
Au jour on ſe saluë ;
Mais quand la nuit eſt venuë,
Tout retentit du cry
De Madame Lanty.

SUITE

DES PLAISIRS

DE ROME

Sur le mesme air.

QUI donc est Madame Lanty ?
Ecoutez-moy, je m'en vas vous le dire:
Digne d'un Empire
Elle regne icy.
Tous ses Ayeux étoient gens d'importance,
Son cœur répond à sa grande naissance.
L'Hymen aux bords du Tibre
A conduit ses pas.
Voulez-vous estre libre ?
Ne la voyez pas.

Plus on la trouve aimable,

Et plus elle est redoutable.

Défendez-vous des feux

Qui partent de ses yeux.

ARRIVE'E

DE MONSIEUR DE***

A ROME.

Sur l'air de Joconde.

Est-ce un ſonge, eſt-ce tout de bon,
Que je me trouve à Rome?
Suis-je encore un petit garçon?
Mais non, je ſuis un homme,
Qui maître de ſa liberté,
En paix ainſi qu'en guerre
Promene ſon oiſiveté
Aux deux bouts de la terre.

PORTRAIT DE MADEMOISELLE DE VEZIN.

Sur l'air

Puissant Roy qui donnez chaque jour.

UNE fille de quinze ou seize ans,
Belle bouche, un beau tein, belles dents;
De beaux yeux, une taille adorable,
Belle gorge, beaux bras, & belles mains,
L'esprit doux, une humeur agreable:
C'est le portrait de la belle Vezin.

POUR MADAME

LA PRESIDENTE ***

Sur l'air

Des Mayeux de Bretagne.

AH ! Presidente
Que vous estes fringante ;
Ah ! Presidente
Il faut chercher quelqu'un
Qui vous contente,
Et qui greffe & qui plante,
Qui vous contente
Bien mieux que le deffunt.

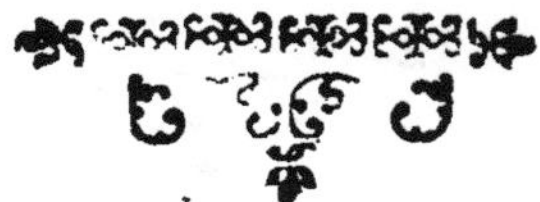

A MADAME DE S. GERAN, DAME DE LA PALICE.

Faut-il belle la Palice
Que quand je suis à Bourbon
Paris fasse vos delices,
Et quand je suis à Lion,
Que dans Bourbon bon
Où l'on boit & pisse
Vous passiez cette saison.

POUR MADAME
DU GUE' BAGNOL,
INTENDANTE DE LION.

Sur l'air : *Beuvons à nous quatre.*

CONTRE mon attente
Trouvant des Loüis,
Avec transport je dis,
La bonne Intendante
Et le bon païs.

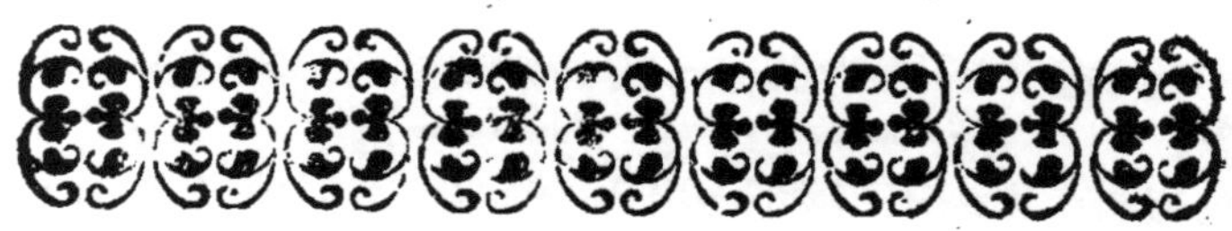

AUTRE

Sur l'air de Joconde.

SI vous allez à Frescaty,
Jeune & brave Turenne,
Sçachez qu'en France comme icy
Je vais quand on me mene :
D'aller avec vous je consens,
Mais n'allez pas si viste,
Je craindrois fort sur mes vieux ans
Le destin d'Hypolite.

AUTRE

Sur le mesme air.

AURAY-je toûjours quatorze ans,
Et Turenne cinquante ?
Il faut loüer à tous momens
Sa conduite prudente ;
Prince, faites-moy l'amitié
D'avoir moins de sagesse,
Il faut prendre quelque pitié
De ma tendre jeunesse.

AUTRE

Sur le mesme air.

OU estes vous, que faites vous,
Trop aimable Turenne ?
Vous me laissez long-temps chez nous,
Cela me met en peine,
Polignac est un favory
Qu'on estime & qu'on aime ;
Mais helas entre vous & luy,
Est-ce trop d'un troisiéme ?

POUR

MADAME DE***

A la mort de son Mary.

Sur l'air

Il fait tout ce qu'il deffend.

EN deüil & fort affligée
Parut autrefois Didon,
Lorsque son mary Sichée
S'en alla trouver Caron;
Mais la Reine de Cartage
Ne fit plus cas du veuvage,
Quand le Troyen trop heureux
Eut paru devant ses yeux.

Ainsi P. *** soûpire

Encor pour quelques jours,
En attendant qu'un beau Sire
L'engage à nouveaux amours :
Lors on verra cette belle
Se brûler à la chandelle,
Qui nous dira Dieu mercy
J'ay trouvé mon homme aussi.

A vous Reine de Cartage
J'écris des bois de Livry,
Recevez bien mon message,
Il part d'un cœur attendry ;
Quand tournerons nous la carte,
Quand mangerons nous la tarte,
Quand pourons nous en repos
Vider la pinte & les pots.

POUR MADAME DE MONGERON.

Sur l'air

Croyez moy hastons-nous ma Silvie.

CROYEZ-moy ma charmante Duchesse
Profitons des beaux jours du Printemps,
Banissons pour jamais la tristesse
Il faut que chacun de nous se presse
A Centeny pour bien passer le temps:
Laissons-là tous les Attoniti,
Les Robie & Chastelin de Grece,
Laissons-là tous les vieux Saquety,
Mais parlons sans fin & sans cesse
Des Godrons qui sont à Centeny.

AUTRE.

Sur l'air

Quand je ſuis une fois en débauche.

QUE vous ſemble des Dames de Nantes,
Qui paſſent l'Eſté comme l'Hyver
Dans leurs triſtes maiſons contentes,
Jamais aucun beau jour ne les tente,
De renoncer au jeu pour prendre l'air.
Tout l'effort qu'elles font ſeulement
Mépriſant la Loire & ſon rivage,
C'eſt d'aller ſur la Motte un moment
Avec un loup ſur le viſage
Pour reſpirer moins commodement.

AUTRE

Sur le mesme air.

SCAVEZ-vous ce que je fais à Nantes,
J'y joüis des arbres & du ver,
De sortir le beau-temps me tente,
Et mon ame n'est pas plus contente
Que quand je puis respirer le grand air:
Pour cela je vais fort frequemment
Honorant la Loire & son Rivage,
Dans des Prez tous remplis d'agrément,
Sans cheveux dessus mon visage,
Pour estre bien plus commodement.

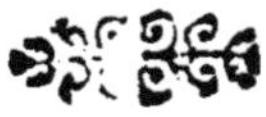

REQUESTE
A MADAME DE ***
POUR SORTIR DE BOURBON.

Sur le meſme air.

AH ! qui peut vivre ſans maladie,
Que Bourbon eſt un triſte ſejour ?
Quand pouray-je à ma fantaiſie
Boire frais, mener joyeuſe vie,
Courir la nuit, & dormir tout le jour,
D'eau chaude vous n'avez que trop pris ;
Laiſſez en repos vôtre derriere,
Renoncez à Griffet belle Iris,
Remenons la pauvre Berniere,
Nous avons tous beſoin de Paris.

AUTRE

faite à Rome,

SUR LE HAUT DES TERMES DE DIOCLETIEN.

Sur le mesme air.

LORSQUE sur le haut d'un clocher
Ou dans quelque goutiere
Je me vois prest de trebucher,
J'appelle Savonniere :
Savonniere est joly garçon,
Il vient avec vitesse,
Je l'ay choisi pour le baston
De ma jeune vieillesse.

A MADEMOISELLE DE SCUDERY Sur ſa Convaleſcence.

Sur le meſme air.

SAPHO, j'ay long-temps heſité,
Mais il faut que je chante
Le retour de voſtre ſanté,
Ce beau ſujet me tente;
Quand la fievre vous fait ſouffrir,
Ce n'eſt qu'une querelle:
Hé quoy jamais peut-on mourir
Quand on eſt immortelle?

REPONSE

REPONSE DE MADEMOISELLE DE SCUDERY.

Sur le mesme air.

Vous loüiez trop flateusement
Une pauvre mortelle,
Je sçay bien qu'en Vers quand on ment
Ce n'est que bagatelle :
Mais pour ne vous rien déguiser,
Je ne sçaurois me rendre,
Car il faudroit pour m'appaiser,
Le portrait d'Alexandre. *Alexandre VIII.*

REPONSE
A LA REPONSE
DE MADEMOISELLE
DE SCÜDERY.

Sur le mesme air.

SAPHO, qui va trop loin se perd,
Je crains un labyrinthe,
Le chemin ne m'est pas ouvert
Pour aller à Corinthe;
Vous demandez de ma façon
Le Portrait du Saint Pere,
Pour chanter le grand Ottobon,
Il faudroit un Homere.

DESIR DE REVOIR PARIS.

Sur l'air : *Où estes-vous allé, mes belles amourettes.*

AH ! je passe le temps tout rempli d'esperance
De revoir bientost mes bons amis.
Puisque le ciel a permis
Que je sois hors de France,
Sur les bords du Tibre assis,
Je songe souvent à Paris.
Ah ! je passe le temps tout rempli d'esperance
De revoir bien tost mes bons amis.

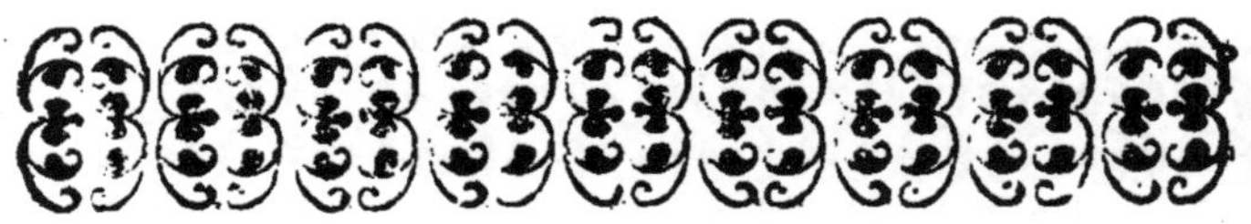

POUR LES RELIGIEUSES DE L'ABBAYE DE CAEN. A L'ARRIVE'E DE MADAME DE ROANNES.

Sur l'air : *Ut queant laxis.*

ENFIN M.***
A changé de maiſon,
Voulant à ce prix
S'approcher de Paris :
Elle a ſa raiſon,
Mais l'argent qu'elle a pris
Aigrit nos eſprits.

L'on attend de vous
Un traitement plus doux,
Afin qu'à jamais
Soient prônez vos bien-faits;
Nos sœurs à genoux
Vous demandent la paix
Sage Roannes.

Nous faisons des vœux
Pour vous voir en ces lieux,
Chassez nos ennuis,
Nos chagrins, nos soucis;
Plaise au Roy des Cieux
Que pour vous ce logis
Soit un Paradis.

SUR

LE MESME SUJET.

Sur l'air

Laissez paître vos bestes.

VOICI venir l'Abbesse
Grands & petits courez chez nous ;
Venez avec tendresse
Embrasser ses genoux.

A son abord tous les verrous
Se retireront de leurs trous,
Tout sera sans dessus dessous ;
L'on se verra sans grille,
L'on se parlera sans témoins,
Le pauvre Amant qui grille
Fera valoir ses soins.

Que ce jour-là paroiſtra court
A celle qui brûle d'amour,
Et dont le cœur eſt comme un four :
Elle dira ſans ceſſe
Ah ! que ne vient-il chaque jour
Une nouvelle Abbeſſe
Réjoüir ce ſejour.

ELOGE
DES JARDINS DE ROME.

Sur l'air,

O beaux Jardins, où l'art & la nature.

O Beaux jardins de Montalte & Borghese,
Ludovise, Pamphile, & Mathei,
Belles vignes de Frescati,
De vous revoir, ma foy je suis bien-aise,
De me revoir soyez bien aise aussi.

Le beau soleil qui toûjours vous éclaire,
Et vous défend des rigueurs des hyvers!
Vos orangers, vos chesnes verds,
Tous vos lauriers, & vos sources d'eau claire
Meritent bien quelque place en mes Vers.

Plus

Plus je vous vois, plus je vous considere,
Et plus touché de vos charmes divers,
Je soûtiens que vos gazons verds
Sont preparez par le fils de Cithere,
Pour l'ornement de ce vaste Univers.

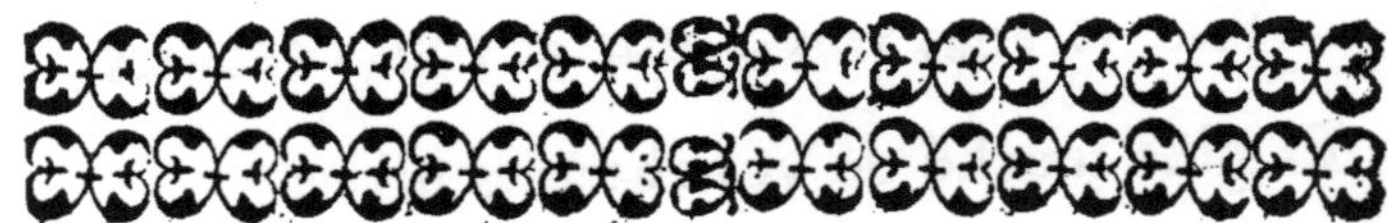

SUR L'EGLISE

DE SAINT PIERRE

DE ROME.

Sur l'air : *Croyez-moy ma Silvie.*

APPRENEZ qu'à ſaint Pierre ſans peine,
Aujourd'huy neuviéme Février,
J'ay monté preſque d'une haleine
Des degrez non pas une douzaine,
Mais ſans mentir pour le moins un millier.
J'ay voulu, malgré mes cheveux blancs,
Et le temps qui ſur ma teſte roule,
Faire ici comme les jeunes gens,
J'ay grimpé comme eux dans la voute,
Et trouvé mes jambes de vingt ans.

SUR L'AIR

Des Contre-Veritez.

C*** eſt aimable
Quand il eſt à table,
Le verre en main il fait beau bruit ;
Mais leve-t-on le fruit
Le ſommeil l'accable,
Il voudroit ſon lit,
Le Soleil le plus agreable
Luy devient la nuit.

PEINTURE DU CHASTEAU DE SANZAY.

Et de la vie qu'on y faisoit en 1661.

Pour réponse à une pareille Peinture faite par Monsieur de Saint Aubin, de la vie qu'on faisoit aux Rochers chez Madame de Sevigné dans ce temps là. Sur l'air *des Bransles & de leur suite.*

JE veux chanter aussi *Grand Bransle.*

Sur les Bransles que voicy,

Les plaisirs que nous avons icy,

Et vous faire d'un trait

D'un Château trés antique

Un trés ressemblant portrait.

Il est bâty dans l'eau,
Mais il n'en est pas plus beau,
Chacune regularité
Le titre de Comté,
Pourtant luy donne avec raison
Quelque air d'une bonne maison.

Les dedans sont fort grands sans aucune peinture, *Bransle gay.*
Vieille mode y regne, mais j'espere un jour
Que l'on y pourra voir Alcoves & dorures,
Pourvû que le maître y fasse du sejour.

J'y dors beaucoup, j'y fais fort bonne chere,
J'y vois des voisins;
J'ay vû la Gande, la . . . . Verniere
Et ses deux Cousines,
Le vieux Lamigaudon, *Bransle à mener.*
Le bon homme la Grise,
Et le noble Argenton,
Car ce dernier est d'une race exquise,

Il est Châtillon.

L'un nous parle de la chasse,
L'autre de la vieille Cour;
L'autre dit ce qui se passe *Gavotte.*
Dans les Châteaux d'alentour,
L'on boit avec eux & l'on rit,
Et comme on peut l'on s'y divertit;
Puis chacun sort de sa place
Voyant arriver la nuit.

Pour aller dans les prez
Quand le temps le permet nous sortons de la salle,
Car les Jardins sont fort peu frequentez,
Onques n'en vis jamais de plus crottez,
Parterre plus sale,
Le Chardon s'étale *Courante.*
Avec sa cabale
De tous les côtez.

LE RETARDEMENT DES BULLES.

Sur l'air

Ce vaillant Duc de Beaufort.

POUR vouloir trop ſe preſſer,
Bien ſouvent on recule,
Ceſſez de vous tracaſſer,
C'eſt le moyen d'avancer,
Les Bulles, les Bulles, les Bulles.

❧✱✱✱❧

Vous criez trop à la Cour
Pendant qu'on capitule,
L'Ambaſſadeur eſt-il ſourd ?
Vous verrez au premier jour
Des Bulles, des Bulles, des Bulles.

Hé bien, faiſons-nous ſi mal,
Meſſieurs les incredules ?
Vous aurez un Cardinal,
Et la charge d'un cheval,
De Bulles, de Bulles, de Bulles.

De l'heureux choix d'Ottobon
N'ayez point de ſcrupule,
Sous ce Pape ſage, & bon
Va renaiſtre la ſaiſon
Des Bulles, des Bulles, des Bulles.

Prelats, nous ſerions d'avis
De ménager vos Jules ;
Mais les Cardinaux ont pris
Un dégouſt pour le gratis
Des Bulles, des Bulles, des Bulles.

INVITATION

D'ALLER A ROME

A MESSIEURS

DE M***, R***, & DE G***.

Sur l'air

Je vous le dis & le repete, que Marianne étoit coquette.

J'AY laissé la vieillesse en France,
Les plaisirs de l'adolescence
Regnent dans ce climat heureux,
Je cours, je bois, je chante, & danse,
J'y fais enfin ce que je veux;
C'est la fontaine de Jouvence.

Pauvres gouteux, je vous admire

De crier quand vous pouvez rire,
Rhodès, Marſillac, & Grignan,
Fuyez la goutte, & ſes bouraſques,
Rendez-vous icy promptement,
Vous marcherez comme des Baſques.

POUR MADAME
DE LOUVOIS
En passant prés Haye en Champagne.
Sur l'air :
Il faut pour d'Andremonde.

DEs femmes renversées,
Des bassins culbutez,
Des raisains cuits crotez,
Noisettes aux pieds foulées,
Tout paroist en esmoy
Pour recevoir Louvois.

REQUESTE

A L'ABBE' DE P***

Sur l'élection d'Innocent XII.

Sur l'air :

Pierre Bagnolet.

ABBE' d'un rayon de lumiere,
Illuminez mon pauvre esprit,
Helas sur certaine matiere
Je me trouveray déconfit,
Si l'on me dit, (bis.)
Contez-nous un peu la maniere
Dont le Pape Innocent se fit.

De combien estoit l'Assemblée
De nos Seigneurs les Cardinaux ?

Les zélans l'ont il tant troublée ?
Comme ont publié leurs Rivaux
Car en deux mots, (bis.)
Ils ont tant fait pour leurs journées,
Que la Thiare est sur les pots.

Pignatelli qui fut eslû, est un mot Italien, qui signifie pots.

Ils avoient une forte brigue,
Et se sont démenez long-temps
Pour favoriser Barbarigue
Homme détaché de parens ;
Mais ne pouvans (bis.)
Mettre à bonne fin cette intrigue,
Pignatelle estoit de leurs gens.

Au défaut de l'un venoit l'autre,
Et l'Ambassadeur Autrichien
Travailloit pour ce saint Apostre,
Pour exclure le Venitien ;
Nous sommes bien, (bis.)
Nous pouvons nous appeller nostre

Un Espagnol Innocentien.

Trouvez bon que je vous demande
D'Ottobon, ou d'Odeskalki,
Quelle faction fut la plus grande,
Qui soûtenoit Marescotti?
Qui Bonvisi? (bis.)
Acciaoli de quelle bande,
Cibo, Delphin de quel party?

Dites-moy de quelle quadrille
Disposoit le bon Altieri?
N'avoit-il pas dans sa famille
Dequoy satisfaire Chigi?
Et par ainsi (bis)
Comme a-t-il pû perdre Codille?
La poule devoit estre à luy.

Barbarigue encor de bon âge
Renversoit l'espoir d'Altieri,

Ottobon en cet homme sage
Crut voir des plaisirs l'ennemy,
Dont à l'envy (bis.)
L'un l'exclud par libertinage,
L'autre d'ambition farcy.

Moy j'avois donné mon suffrage,
Et je postulois pour Conti,
Son nom, ses vertus, & son âge
Meritoient qu'il fust bien loty;
Mais son party (bis.)
N'a pas réüssi davantage
Que celuy de Panciatichi.

POUR MADEMOISELLE DE MERY

Conduiſant juſqu'à Fontainebleau MADAME DE COULANGE qui s'en alloit en Berry.

Sur l'air : *Réveillez-vous belle endormie.*

MERY vous eſtes une heroïne,
Treize lieux ne vous ſont de rien,
Sans vôtre Oncle qui fait la mine
Vous paſſeriez le Pont de Gien.

S'il étoit moins prude & moins ſage
Vous & moy ſerions plus heureux,
Mais Dieu l'a mis dans un étage

Fort

Fort au dessus de ses Neveux.

Il dit qu'une fille prudente
Doit avoir son bonnet de nuit,
Et tout au moins une Suivante
Pour luy preparer un bon lit.

Et moy je soûtiens qu'à vôtre âge
Il faut s'embarquer sans biscuit,
Qu'il faut même affronter l'orage
Lorsque l'amitié nous conduit.

SUR LA GUERISON DE MONSIEUR L'ABBE' DE COULANGE.

Sur l'air :

Que chacun se ressente.

QUE l'Abbé se ressente
De la liqueur charmante
Qu'un Medecin Anglois répand sur son cerveau :
Que sa santé constante
La dispute à Lezeau,
Que d'Hyvers plus de trentes
Nous puissions conserver sa peau.

POUR UNE DAME QUI SENTOIT BON.

Sur l'air :

Tu viens Crequy ſauver la Champagne

PORTEREZ-vous toûjours des gands d'Eſpagne,
Ne ſçauriez-vous vous paſſer de ſenteur ;
Allez vous évanter à la campagne,
Et laiſſant les ſenteurs & gands d'Eſpagne,
Ne venez plus m'accabler de vapeurs.

AUTRE

Sur le meſme air.

JE fais par tout chercher une caſſette,
J'aurois beſoin de quelque argent content,
Si je pouvois en remplir ma pochette,
Je benirois à jamais la baſſette,
Et je ſerois un homme fort content.

POUR LES DAMES DE NANTES.

Sur le mesme air.

He quoy ! toûjours un loup sur le visage ;
Ce procedé me paroist étonnant ;
De vos appas faites un autre usage,
He quoy ! toûjours un loup sur le visage
Qui sent l'Hyver & Carême-prenant.

SUR L'AIR

Que la vieilleſſe eſt lente.

AH ! que la Cour eſt lente,
Les efforts que j'y tente
Sont toûjours impuiſſants ;
C'eſt une charge bien peſante
Qui coûte deux cens mille francs.

AUX DAMES
DE NANTES.

Sur l'air :

Quand l'Opera tant vanté par la grille.

SOIR & matin
J'ay couru la prairie,
Soleil & ſerain
N'ont fait aucun tort à mon tein,
Et je l'ay blanc & fin
Comme Silvie :
Je veux fort bien que l'on me contemple,
Mes Dames voyez tous mes brillants appas ;
Mais de grace mettez vos maſques bas,
Puiſque mon tein vous peut ſervir d'exemple.

POUR MADEMOISELLE DE LA T. ***

Sur l'air : *Quel ſpectacle charmant*.

QUEL ſpectacle charmant ſe preſente à mes yeux,

J'aperçois d'un côté la brillante Tatine,

Et de l'autre je vois ſon aimable Couſine ;

C'eſt aſſez pour eſtre amoureux :

Ah ! qui l'eut jamais crû qu'au ſommet d'une roche,

Chez la belle & ſage la T ***

Qui ſe pique de pieté

J'euſſe enfin hazardé ma pauvre liberté ;

Je m'en vais en diligence

M'éloigner de ces lieux,

Je

Je ne puis faire mieux;
Car pour de la resistance
En puis-je faire helas ! sans le secours des Dieux :
Je m'en vais en diligence
M'éloigner de ces lieux.

IMPROMPTU A MADAME LA DUCHESSE DE BOUILLON,

Lors qu'elle partit de Rome.

Sur l'air : *Belle charmante Brune.*

DIEUX, dans quelle tristesse
Vous nous jettez !
Adorable Duchesse,
Vous nous quittez,
Et nous voyons Turenne à vos costez.

A MONSIEUR

LE CARDINAL,

& à Madame la Ducheſſe

DE BOUILLON,

Sur leur abſence.

Rigodon.

J'AY tout perdu,
Les Boüillons ſont en France,
Ma foy de leur abſence
Je ſuis confondu :
Grand Cardinal,
Adorable Ducheſſe,
Prince ſans égal,
Ah qu'il eſt doux !

Je le diray ſans ceſſe,
De vivre avec vous.
Par vous en Italie
J'eſtois un homme heureux,
Maintenant je m'ennuye,
Tout m'y paroiſt affreux,
Et j'ay paſſé de mon joly printemps
Tout d'un coup à cent ans.

SUR L'AIR
Du Boulanger de Gonesse.

Point d'Enfans, point d'affaire,
Une bonne santé,
Liberté toute entiere,
Cet état m'eut pû plaire,
Si pauvreté
Qu'on n'aime gueres
Si pauvreté
N'eut tout gaté.

N'estre point sans affaire,
Chercher toûjours un mieux,
Ne se point satisfaire
Cet état peut-il plaire?
Estre un peu gueux
N'est pas misere,
Estre un peu gueux
C'est estre heureux.

SUR L'AIR

Comme un vray Coq de bagage.

J'AIME bien mieux mon menage
En Province qu'à Paris,
A Paris toûjours j'enrage
En Province au moins je vis,
Je vous le dis, dis,
L'un est esclavage,
L'autre presque un Paradis.

A MADAME

DE LA BERCHERE.

Sur l'air *des Ennuyeux.*

QUI crache avant la Saint Thomas
Accouche aprés la Pentecoste,
Quand Lamoignon prend ses ébats,
Il n'importe quoi qu'il en coûte,
Est-ce un Cousin, est ce un Epoux
Ma sœur Toinon qu'en pensez-vous.

VISITE

CHEZ MONSIEUR LE MARQUIS DE

CHATBRILLANT

En son Château de Saint Gervais.

Sur l'air *du Traquenard.*

CHAT qui brille ou chat brillant
Cela m'est indifferend,
J'aime tout autant
Chat qui luit que chat qui brille,
J'aime tout autant
Chat luisant que chat brillant.

LE COURS
DE ROME.
Sur l'air

De la grosse Bourguignone.

A Rome à Porte Pie
L'Esté on fait le Cours,
Souvent sans qu'il ennuye,
L'on y fait quinze tours,
C'est là qu'on voit paroistre
Femmes, Moines & Prestres,
Et c'est à qui levera plus haut le cu,
Pour rendre le salut.

La Princesse regnante
Y paroist à nos yeux;

En caléche galante
Sont les Princes neveux;
Bien loin que l'on évite
Eux, & leur grande ſuite,
Volontiers on leur fait beaucoup d'honneur
Pour gagner leur faveur.

L'Envoyé d'Allemagne
Se cache en ſes rideaux:
L'Ambaſſadeur d'Eſpagne
Fait piaſer ſes chevaux:
Madame ſon épouſe
De B *** jalouſe,
Y vient avec un magnifique train
Apporter ſon chagrin.

La triſte Conneſtable
Ne quitte point ſa ſœur,
Mais qui paroiſt aimable
Sont les filles d'honneur,

Avec leur garde Infante,
Leur coëffure avenante,
Leurs belles mains & leurs yeux de merlan
Attirent le chalan.

Tous les Princes Borgheses,
Pamphile avec Guisi
Se promenent en chaise,
C'est le bel air icy ;
Celuy de Palestrine
Y vient en Poltronchine,
Et c'est à qui parmy tous les Seigneurs
A les plus beaux coureurs.

En fort bon épuipage
Les freres Altiery
Font voir quatre visages,
Toûjours rangez ainsi,
Les aînez au derriere,

Le troiſiéme en portiere,
Et le dernier aſſis ſur le devant
A coſté d'un Pédant.

*

L'Ambaſſadeur de France
Honore auſſi le Cours,
Et plus d'une Eminence
Y paroiſt tous les jours :
Finiſſons la legende
Elle ſeroit trop grande,
Et je ne veux plus mettre en ce tableau
Que les petits Landonaux.

SUR L'AIR

Quand la Bergere va aux champs toûjours chantant.

QUAND Grignan marche à Saint Gervais
Temps fait exprés,
Noblesse aprés,
Chevaux, litieres & mulets,
Grand équipage,
Force bagage,
Force valets.

Chatbrillant pour le recevoir
Fait son devoir
Matin & soir,
Et son Epouse en habit noir
Prés la Comtesse
Elle s'empresse
Il faut sçavoir.

A MADEMOISELLE

DE GRIGNAN,

LA CADETTE.

Sur l'air

Qu'ils sont doux bouteille ma mie.

ALLERAC avecque tendresse
Songez-vous à ce cher Epoux,
Qui le cœur percé de mille coups
Dit, redit, & chante sans cesse
Ah, ah ! ma petite maîtresse
Que je suis loin de vous.

Beau Château, belle Architecture,
Cabinets frequentez souvent,

Terrasses, Balcons battus de vent,
Bon Thian charmante nourriture,
Ah, ah, ah! que le temps me dure
Eloigné de Grignan.

Maintenant quand sur quelque table
L'on y sert quelques mets exquis,
Des Chapons, des Faisans, des Perdrix,
Je dis d'un ton trés lamentable,
Ah, ah, chere autrefois aimable
Que n'estes vous du [illegible]is.

A MADAME LA MARQUISE D'UXELLES.

Sur le mesme air.

MARQUISE mon Dieu qu'il me tarde
De vous voir, d'estre auprés de vous,
Pour chanter le Château, les ragouts
De vostre bon amy la Garde,
Mais mais, cet amy vous regarde
D'un œil un peu trop doux.

A MADAME

A MADAME LA MARQUISE DE ***

Chant joyeux, sur l'air : *O filij & filiæ.*

EN dépit de la Faculté,
Nôtre Duc est ressuscité
Par la vertu du Quinquina, Alleluia.

Nous le mitonnons à present,
Comme l'on fait un tendre enfant
Qu'avec soin on élevera, Alleluia.

L'on va le mener à Paris,
Où Maraine, & Parrain choisis,
Je croy qu'on le baptisera, Alleluia.

Ce ne ſeront plus que repas
En jours maigres comme en jours gras ;
Honoré ſe ſignalera, Alleluia. *Le Cuiſinier de Mr le Duc de* **

Si noſtre précieux enfant
Paroiſt malade un ſeul moment,
Auſſi-toſt on le purgera, Alleluia.

Et ſi par hazard il prétend
Faire quelquefois le méchant,
Sa Nourrice le foüettera, Alleluia.

N'eſtes-vous pas de cet avis ?
Revenez, Marquiſe, à Paris,
Pour gouvernante on vous prendra, Alleluia.

Aſtres, & Devins conſultez,
On nous prédit de tous coſtez
Qu'un jour cet enfant parviendra, Alleluia.

Que chargé de biens, & d'honneur,
Deux fois à Rome Ambaſſadeur,
Deux bons Papes il nommera, Alleluia.

Qu'il verra du Rhin les Cantons,
Qu'il gouvernera les Bretons,
Que voſtre fortune il fera, Alleluia.

Quittez donc promptement vos bois,
L'aimable Automne eſt aux abois,
La ville nous raſſemblera, Alleluia.

SUR L'AIR
Je suis Cassandre.

LA bonne chere
Que l'on fait à Grignan,
Se peut-on taire
De la bonté du Thian, *Thian c'est du Ris cuit au four dans une Terine.*
La bonne chere
Que l'on fait à Grignan.

La bonne vie
Que l'on fait à Grignan,
J'ay bien envie
D'y demeurer un an;
La bonne vie
Que l'on fait à Grignan.

LE FESTIN A L'AISE.

Sur l'air *de la Duchesse*.

QUAND je vois tous ces grands repas,
Où tout venant est admis, & s'empresse,
Moy qui haïs la presse,
Je chante tout bas :
Heureux qui peut sans engraisser sa manche,
Commodément attaquer son éclanche,
Qui peut placer sa chaise
Sans nul embarras,
Qui peut tout à son aise
Etendre les bras,
Qui mange sa pitance
Avec gens de connoissance,
Qui dîne, & soupe enfin
Sans presse, & sans festin !

POUR

MADAME LA COMTESSE DE GRIGNAN.

Sur l'air de Joconde.

SI j'avois tout l'or de Cresus,
L'amour de Tiridate,
La gentilleſſe de Druſus,
La mine d'Orondate,
La valeur du grand Artaban,
D'Auguſte la puiſſance;
Vous quitteriez belle Grignan
Dés demain la Provence.

Si j'étois le fils de Creſus,
L'oncle de Tiridate,

Le neveu de Lisimacus,
Le cousin d'Orondate,
Le frere du grand Artaban,
Le mary de Julie ;
N'estimeriez-vous pas Grignan
Ma Genealogie.

LA BASSETTE.

Sur le meſme air.

VA deux piſtoles ſur le ſix,
Sur le neuf j'en mets une,
Je fais l'alpiu du ſix au dix,
Il faut tenter fortune :
Helas ! mon pauvre neuf s'en va
Et mon alpiu s'envole,
Cette taille me coûtera
A la fin trois piſtoles.

Va trois piſtoles ſur le ſept,
Paroly ſur le meſme,
Sept & leva ſur le valet.
Mon audace eſt extrême ;
Que ne l'ay-je fait ſur le Roy,
Mais j'apperçois mon drôle,

Monſieur

Monsieur le Banquier payez moy
Vingt & une pistoles.

Vouloir gagner beaucoup d'argent,
Mais faire le contraire,
Perdre sa carte en enrageant,
Estre rouge, en colere,
Attentif, & tout contrefait,
Trembler pour sa cassette :
En six Vers voila le portrait
D'un joüeur de Bassette.

Fin du premier Tome.

www.ingramcontent.com/pod-product-compliance
Ingram Content Group UK Ltd.
Pitfield, Milton Keynes, MK11 3LW, UK
UKHW022006170726
13837UKWH00001B/26